Hinterhuber, Mut zum Selbstsein

Hans H. Hinterhuber

MUT ZUM SELBSTSEIN

Strategie der Selbstentfaltung

Verlag Rombach Freiburg

Für Barbara, Andreas, Monika,
Lukas und Katherina

Gesamtherstellung im Druckhaus Rombach+Co
GmbH, Freiburg im Breisgau.
Printed in Germany.
ISBN 3-7930-9034-5

Inhalt

Vorwort

Wenn ein Mensch den ganzen Schrecken des Lebens der durchschnittlichen Menschen verstehen könnte, die sich in einem Kreis unbedeutender Interessen und unbedeutender Ziele bewegen, wenn er verstehen könnte, was sie verlieren, dann würde er einsehen, daß es nur ein Sache gibt, die für ihn ernst ist – dem allgemeinen Gesetz zu entfliehen, frei zu werden. Was kann für einen Menschen ernst sein, der, zum Tode verurteilt, im Gefängnis sitzt? Nur eines: wie er sich retten, wie er fliehen kann; nichts anderes ist für ihn ernst.

G. I. Gurdjieff

Hauptanliegen dieses Buches ist es, den Studenten und Studentinnen als angehenden Führungskräften den Hintergrund ihrer zukünftigen Situation klarzulegen und verständlich zu machen, daß es über die Erfüllung der Pflichten auf eine angemessene und professionelle Weise hinaus noch etwas gibt; es will die Prinzipien aufzeigen, die aktive Führungskräfte befähigen, durch innere Stärke, heitere Gelassenheit, Selbstdisziplin und Arbeit an sich selbst nicht entwickelte Möglichkeiten zu verwirklichen. Denn nur solche Menschen, die sich innerlich vollständig durchgebildet haben, die frei von aller Willkür und Unbeherrschtheit zu ihrem Wesenskern durchgestoßen sind, werden imstande sein, andere Menschen zu leiten sowie die Möglichkeiten und

Ressourcen der Erde zu gebrauchen, um Ziele zu erreichen, die die Natur nicht zerstören und die innere Entwicklung des Menschen fördern.

Zweck der Ausführungen kann es nicht sein, ein System konsistenter, philosophischer Ideen aufzustellen; sie versuchen vielmehr, eine praktische Unterstützung in vielfältiger Form für Anstrengungen anzubieten, die von Führungskräften unter den Bedingungen des heutigen Lebes mit dem Ziel ausgeführt werden können, die Energien zu konzentrieren, die für die Verwirklichung ihrer latenten Möglichkeiten notwendig sind. Die dargestellten Ideen geben deshalb mehr eine Methode als ein System an, dessen Ziel die Selbst-Transzendenz des Menschen ist.

Es muß klar sein, daß eine Methode nur in der Praxis beurteilt werden kann; die Anwendung im täglichen Leben schließt zwangsläufig die Berufung auf Glauben oder auf Autorität aus und verlangt eine kritische Urteilsfähigkeit.[1] Die »Theorie« ist eine Denktechnik, die man einüben muß wie eine Sprache. Auf dem Weg der inneren Entwicklung kann es keine einfachen Antworten geben. Jeder ist der Baumeister und Gestalter seines Lebens und seines Schicksals. Jeder von uns muß seine eigene Lebensstrategie formulieren und seine eigene Einstellung zum Leben finden. Wenn wir dies zu erkennen beginnen, fangen wir an, nach innen zu blicken und an uns selbst zu arbeiten; wir werden bemerken, daß die Effizienz nicht leidet, sondern gewinnt. Die Qualität der Entscheidungen im äußeren Leben hängt von der Qualität des inneren Zustandes eines Menschen ab: Je ruhiger und ausgeglichener wir innerlich sind, desto effizienter sind wir in unserer Arbeit für die äußere Welt.

In der Wirtschaft werden zunehmend Wissen und Weisheit, Geschick und Geduld, Gelassenheit und

Liebe zur Sache gefordert. Dies ist ein bemerkenswerter Wandel, denn die inneren Werte scheinen für Menschen anderer Kategorien reserviert zu sein. Die neue und bewußte Hinwendung zur Innerlichkeit, das Gewahrwerden der vielen Bewußtseinsebenen in uns selbst, die Suche nach innerer Stärke als Quelle der Selbstentfaltung werden dabei keineswegs mit Weltflucht verwechselt; sie sind vielmehr integrierender Bestandteil einer gerade auf das Leben in der Welt der Wirtschaft ausgerichteten lebenslangen Aus- und Weiterbildung, der das immer neue Bestehen des »Hier und jetzt« eigentliche Aufgabe ist. Der Zustand der Selbstentfaltung kann nur in der Welt der äußeren Ereignisse gefunden werden.

Das Ziel des Buches wäre bereits erreicht, wenn die Leser zum Entschluß angeregt würden, mehr im Bereich der eigenen Selbstvervollkommnung im Sinne der Verwirklichung noch nicht entwickelter Möglichkeiten zu lernen. Alle echten Wege führen zum selben Ziel, und es ist gleichgültig, welchem Weg man folgt. Wichtig ist, daß man versucht, seinen eigenen inneren Wert zu verstehen und die Vielfalt der Verhaltenseinheiten zu erfassen, aus denen man besteht, ohne sich mit ihnen zu identifizieren. Es gilt, ein geistiges Leben zu führen und gleichzeitig die eigenen Pflichten wirksam, effizient und selbstlos zu erfüllen. Innere Stärke, heitere Gelassenheit, Güte und selbstloser Dienst sind die Grundprinzipien des Lebens, die in einer Zeit der Instabilität und des Überganges zunehmend an Bedeutung gewinnen.

Bruneck, im Januar 1984

Hans H. Hinterhuber

Anmerkung:

[1] Die Weisheit läßt sich nicht organisieren und systematisieren. Eine kleine Lehrgeschichte vermag diese Tatsache zu veranschaulichen. Der Teufel und sein Freund gehen eines Tages auf der Erde spazieren. Sie bemerken einen Mann, der sich plötzlich bückt, um etwas vom Boden aufzuheben. Der Freund des Teufels spricht: »Du solltest mehr aufpassen, denn der Mann dort hat ein Körnchen Wahrheit gefunden!« Der Teufel lächelt und antwortet ruhig: »Das macht nichts, sie werden sie organisieren und systematisieren; wir brauchen uns darüber keine Sorgen zu machen.« Zitiert aus K. WALKER, *A Study of Gurdjieff's Teaching*, London 1965, S. 12.

Einführung

Der grundlegende Unterschied zwischen einem normalen Menschen und einem Krieger ist, daß der Krieger alles als Herausforderung annimmt, während der normale Mensch alles entweder als Segen oder als Fluch auffaßt.

C. Castaneda

Wir leben in einer Zeit eines noch nie dagewesenen Wandels in allen Strukturen des Lebens; dieser Wandel ist die Folge der intensiven und weitreichenden Anwendung von Wissenschaft und Technik in allen Bereichen unseres Lebens. Dieser rasche äußere Wandel erfaßt alle Aspekte des Lebens – wie wir arbeiten, wie wir essen, wie wir unsere Freizeit verbringen, wie wir die Kinder erziehen, wie wir lernen, ja sogar wie wir sterben.[1] Viele Strukturen des Lebens, an die sich die Menschen im Laufe von Jahrhunderten gewöhnt haben, scheinen heute auf den Kopf gestellt zu sein als Folge des großen und offensichtlich zunehmenden Ungleichgewichtes zwischen den äußeren Möglichkeiten des Menschen, seiner Beherrschung der materiellen Welt und seiner inneren Schwäche und Ratlosigkeit.
In einer Zeit, in der die Beschleunigung der Veränderung die einzige Konstante zu sein scheint, erhebt sich die Frage, wie wir innerlich wachsen können, wie wir das werden können, wozu wir innerlich bestimmt sind, wie wir nach unserem Gewissen in ei-

ner Welt leben können, in der sich alle äußeren Werte und alle äußeren Formen ändern. Die Fragen nach dem Sinn des Lebens und nach der Art seiner Gestaltung sind keineswegs Fragen, die erst heute gestellt werden; sie scheinen aber heute mehr Menschen zu bewegen als in der Vergangenheit. In Krisenzeiten, wenn der Lauf der Ereignisse den ruhigen Gang des Lebens stört und die Sicherheit der Existenz bedroht, ist es natürlich, daß der Mensch über den Sinn des Lebens nachdenkt. Das Wissen um seine eigene Existenz und deren Bedrohung drängt ihm von selbst die Frage auf, welchen Sinn das Leben des Menschen hat.

Wenn wir versuchen, die Frage zu beantworten, *wie* wir unser Leben gestalten sollen, können wir auf keine historischen Erfahrungen zurückgreifen. Die Religion scheint auf der einen Seite in der Form eines neuen Rufes nach innerer Einkehr in den östlichen und westlichen Traditionen an Vitalität und Anziehungskraft zu gewinnen. Auf der anderen Seite nimmt in einer langsam wachsenden Wirtschaft der Druck der äußeren Welt auf das Leben des einzelnen zu. Die Menschen fühlen jedoch, daß sie weder der Welt vertrauen können, die die neuen Technologien in Aussicht stellt, noch von den Religionen Antworten auf ihre Fragen erhalten. So muß die Frage, wie das Leben zu gestalten sei, von jedem einzelnen beantwortet werden. Der einzige wirkliche Fortschritt ist individueller Fortschritt nach innen, der von eigenen Anstrengungen getragen ist.

Die Frage nach der Art der Gestaltung unseres Lebens stellt uns vor die Frage, wie wir Herr unserer selbst sein können. Durch alle Bücher über die Selbstentfaltung oder Transformation des Menschen zieht sich wie ein roter Faden die nie endende Suche nach einem praktikablen Ansatz, der automatisch Antworten auf die Frage nach dem Sinn und der Gestaltung des Lebens gibt. Einen solchen Ansatz kann es aber nicht geben. Die Entwicklung der verborgenen Möglichkeiten des Menschen verlangt eine Strategie. Wie im wirtschaftlichen und militärischen Bereich ist die *Strategie* kein Aktionsplan; sie ist die *Evolution einer zentralen Idee unter sich laufend ändernden Umständen.*

Die zentrale Idee ist die Idee der Selbstentfaltung des Menschen, d. h. der Entwicklung seiner latenten Möglichkeiten im Hinblick darauf, was er werden kann. Es geht darum, das zu sein, was wir wirklich sind oder sein können, und nicht vorzugeben, das zu sein, was wir nicht sind.

Selbstentfaltung kann per definitionem nur evolutionär verstanden werden. Was sich als »neuer oder ausgeglichener Mensch« darstellt, ist in der Regel, genauer betrachtet, nur die Konsequenz der *Entdekkung* bis dahin unbekannter Möglichkeiten oder einer neuartigen Schwerpunktsbildung. Dabei überwiegt das kontinuierlich Sichwandelnde das – freilich deutlicher in die Augen springende – Ausmaß rapider Veränderungen.[2]

Selbstentfaltung wird gebraucht für den Vorgang oder auch für das Resultat.

Die Selbstentfaltung kann nur durch uns selbst erfolgen. Selbstentfaltung kann bezogen sein auf das Selbst als Ausgangslage des Entwicklungsprozesses – Selbst wäre dann der Inbegriff *aller* Anlagen und Möglichkeiten –, oder es kann bezogen sein auf das Selbst als Ziel und Resultat des Wandlungsprozesses, also teleologisch vom Ende her gesehen. Das Selbst wäre dann erst zu bilden und zu konkretisieren. In diesem Fall ist der Vorgang selektiv, es erfolgt eine Selbst-Wahl mit dem Vorziehen bestimmter Möglichkeiten vor anderen. Dieser Auffassung folgen wir. Sie entspricht den Einsichten der philosophischen Anthropologie und den Erfordernissen der Ethik. Die Verwirklichung *aller* Möglichkeiten ist irreal. Tatsächlich findet immer eine Auswahl statt.[3]

Selbstenfaltung bezieht sich auf das eigentliche, normative Selbst, das heißt auf unseren Wesenskern, im Unterschied zu unserer Persönlichkeit. Normativ ist dasjenige Selbst oder derjenige Wesenskern, von dem her wir uns, nach dem hin wir uns entwickeln wollen. Selbstentfaltung im Sinne des Endresultats, des Endzustands ist Verwirklicht*sein* – abgekürzt: *Sein.* »Es hat den Charakter des Zuständlich-Dauerhaften. Ihm entspricht das ›Ich bin‹, nicht das ›Ich tue, erlebe, habe getan‹. Ferner ist in ihm nicht ein einzelner Lebensbereich, sondern eine Mehrzahl genereller Weltbezüge realisiert. Es handelt sich um ein überwiegend erfülltes Dasein«.[4]

Das dauerhafte, vielseitig gerichtete Können, die meisterhafte Beherrschung eines Faches im Bewußtsein einer transzendentalen Realität ist die eigentliche Form von Verwirklichtsein. Das geglückte oder mißglückte Leben vollzieht sich in der Beziehung zwischen Selbst und Welt, zu der die Entfaltung seiner selbst und die Erfüllung seiner Pflichten gehört; wir beziehen uns dabei nicht auf die Hochstimmung einzelner Augenblicke, sondern auf das durchschnittliche Leben. Das Selbst als Ziel ist der Teil in uns, der immer derselbe bleibt, an dem sich unsere verschiedenen Teilpersönlichkeiten oder Verhaltenseinheiten orientieren können und der ihnen Kohärenz und Konsistenz verleiht; dieses Selbst oder unveränderliche »Ich« als Ausdruck unseres Wesenskerns bleibt in allen Lebenssituationen gleich. Wer diese Seinsebene erreicht hat, ist mit sich und der Welt in Frieden.

Soviel zu Selbstentfaltung im Resultat, im Sein. Schwieriger ist es, den Prozeß der Selbstentfaltung zu fassen. Für den Prozeß der Selbstentfaltung, den wir mit Hilfe des Enneagrammes[5] in seinen Grundzügen darzustellen versuchen, ist der Bezug zur äußeren Welt und deren Reaktivität konstruktiv: Sie ändert das Ziel unserer planvollen Handlungen im Vollzug und treibt die Zielsetzung selbst dialektisch weiter. Dies gilt nicht nur für die, selten eindeutigen, Extreme des Gelingens und Scheiterns, die zu neuer Zielsetzung veranlassen, sondern auch für den weiten Zwischenbereich des Eintretens nicht beabsichtigter Wirkungen oder zusätzlicher Nebenwirkungen, unvorhergesehener Konsequenzen, durch Widerstände erzwungener Abweichungen vom ursprünglichen Aktionsplan. Die Erfahrungen der Rückkoppelungen der äußeren Welt führen zu Veränderungen der Zielsetzung und zu einer Reinterpretation des eigenen Entwurfs, des eigenen Lebens.

Der Kernbegriff, der der zentralen Idee der inneren Entwicklung des Menschen Sinn und Zusammenhalt verleihen kann, ist das Enneagramm, eine vom kaukasischen Philosophen G. I. Gurdjieff entwikkelte Figur mit neun Linien, die die Eigenschaften der Beziehung mit denen der Wiederholung verknüpft und die Grundgesetze der Transformation und des Wachstums ausdrückt; das Enneagramm gibt, mit anderen Worten, an, wie ein Prozeß in einer Abfolge differenzierter Schritte und unter Einwirkung äußerer Impulse zu seiner Vollendung gelangt.

Der *Aufbau des Buches* ergibt sich aus den Linien des Enneagrammes (Abb. 1-0).[6]

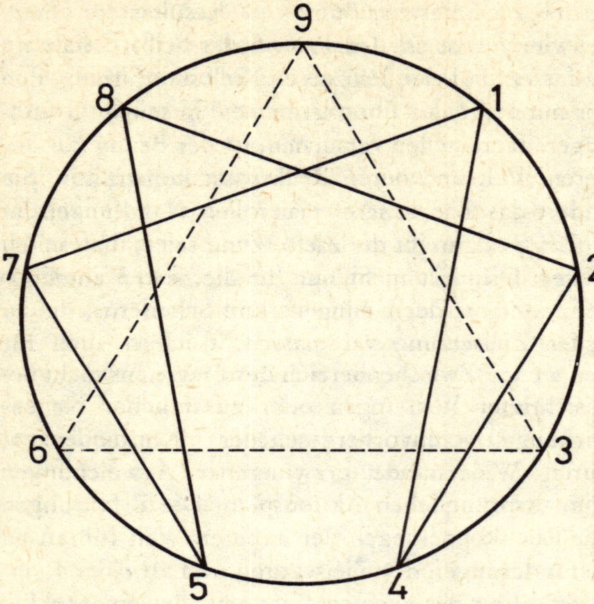

Abb. 1-0: Der Prozeß der Selbstentfaltung des Menschen (nach A. Keyserling)

Bilderläuterung: 1 = Die Vielzahl der Verhaltenseinheiten in der Persönlichkeit des Menschen; 2 = SELBSTBEOBACHTUNG UND SELBSTERINNERUNG; 3 = *Die Erkenntnis der Lage;* 4 = Der Wesenskern des Menschen; 5 = Die Arbeit an sich selbst; 6 = *Die Erkenntnis des Gegensatzes;* 7 = Die Überwindung negativer Emotionen; 8 = Die Ablehnung der Idenifikation; 9 = *Die Wandlung des Menschen*

1 *Erkennen der vielen Verhaltenseinheiten in der Persönlichkeit des Menschen,* das heißt Feststellen der vielen Personen, deren Rollen der Mensch im Lauf des Tages übernimmt, und Versuch ihrer Integration.

2 *Selbstbeobachtung und Selbsterinnerung.* In der Selbstbeobachtung werden sonst mechanische Handlungen bis ins letzte bewußt gemacht; in der Selbsterinnerung soll das geistige Ziel keinen Augenblick aus dem Auge verloren werden.

3 Die *Erkenntnis der Lage* bezieht sich auf ihre Substanz, ihre Eigenschaften und ihre Wandlungsmöglichkeiten. Aus der Erkenntnis, daß die falsche Persönlichkeit eines der Haupthindernisse der Selbstentfaltung ist, entsteht ein mächtiger Impuls zur Stärkung des Wesenskerns des Menschen.

4 Das Erreichen eines wahren Ich als *Wesenskern* ist das höchste Ziel der menschlichen Existenz. Es müssen die »Puffer und Schranken« abgebaut werden, die bei jedem Menschen unzählige Teilpersönlichkeiten voneinander trennen; dadurch kann der Mensch zu seinem Wesenskern durchstoßen.

5 Die Tätigkeit muß auf ein konkretes *Arbeitsgebiet* konzentriert werden, damit der innere Fortschritt an einer äußeren Leistung abgemessen werden kann. Es gilt, die Wirklichkeit selbst, das alltägliche Leben zum geistigen Arbeitsfeld zu machen, die Arbeit an den Dingen in Arbeit an sich selbst zu verwandeln. Alles Heil in unserer Zeit kann nach A. Keyserling nur durch Arbeit an sich selbst erreicht werden. Das innere Wachstum verlangt vom Menschen, jedes Ereignis als Anlaß zur Selbstentfaltung und zur selbstlosen Erfüllung seiner Pflichten zu erkennen.

6 Die *Erkenntnis des Gegensatzes* ergibt sich aus dem Verhältnis zwischen dem erkennenden Menschen und den anderen sowie der Umwelt. Alle Handlungen müssen aus der klaren geistigen Erkenntnis der Lage und der sich ergebenden Spannung zu Welt und Mitmensch durchgeführt werden, mit dem Ziel der Verwirklichung des eigenen Potentials im Rahmen der gegebenen Bedingungen.

7 *Überwindung negativer Emotionen*, Entscheidung gegen das Böse, Nicht-Ausdrücken negativer Gefühle.

8 *Ablehnung der Identifikation.* Die gefährlichste Identifikation ist mit Amt und Stellung auf statische Weise mit dem Anspruch der Anerkennung.

9 Die *Verwirklichung des Möglichen* im Rahmen der gegebenen Bedingungen vermehrt als verkörpertes Werk das Wissen und verwandelt den erkennenden Menschen, sofern er das einheitliche Bewußtsein über die Zerstörung der vielen Verhalteneinheiten oder Ichs (Punkt 1) erreicht hat. Diese Synthese zwischen Wissen und Sein wird damit zu einem neuen Ausgangspunkt, von dem aus der dialektische Prozeß in einer höheren Ebene wieder anhebt.

Der *Wunsch eines Menschen*, an sich zu arbeiten, um einige seiner Eigenschaften zu ändern und eine höhere Stufe des Seins zu erreichen, seine Initiative ist die aktive Kraft (Punkt 9 des Enneagrammes). Die *Trägheit seines ganzen gewohnten inneren Lebens*, die im Gegensatz zu seiner Initiative steht, stellt die passive oder negative Kraft dar (Punkt 3). Diese beiden Kräfte halten sich entweder die Waage oder eine überwiegt die andere, ohne einen Spielraum für weitere Handlungen offenzulassen: Ein Mensch kann Wunsch und Initiative verspüren, aber all diese In-

itiative kann darauf verwandt werden, die gewöhnliche Lebensträgheit zu überwinden und nichts für das Ziel übrigzulassen, auf das die Initiative hätte gerichtet werden sollen. Erst mit Hilfe einer dritten Kraft (Punkt 6), die zum Beispiel in Form *neuen Wissens* oder von den Erlebnissen, die den Menschen erschüttern, in Erscheinung tritt, kann die Initiative der Trägheit Herr werden und der Mensch in der beabsichtigten Richtung aktiv werden.[7] Wenn der innere Fortschritt durchgehalten werden soll, ist eine *Verstärkung* unserer Bemühungen notwendig, die an den Punkten 3 und 6 des Enneagramms einsetzen muß. Ohne diese »Schocks« oder bewußten Anstrengungen würde der Prozeß unserer inneren Entwicklung entweder aufhören oder sich in eine andere, nicht beabsichtigte Richtung bewegen.
Das Enneagramm gibt, mit anderen Worten, an, wie ein Prozeß in einer Abfolge differenzierter Schritte und unter Einwirkung geeigneter äußerer Impulse zu seiner Vollendung gelangt. Jeder einzelne Schritt muß abgeschlossen bzw. jede einzelne Stufe erreicht sein, bevor der nächste Schritt getan bzw. die nächste Stufe erstiegen werden kann. Eine Verstärkung von außen in Form von »Schocks« oder Impulsen ist zur Vollendung des Prozesses notwendig.

[1] Vgl. J. NEEDLEMAN (Hrsg.), *Speaking of My Life: The Art of Living in the Cultural Revolution*, New York 1979, S. 2 ff.
[2] Vgl. hierzu H. KRÄMER, *Selbstverwirklichung*. In: G. BIEN (Hrsg.), *Die Frage nach dem Glück*, Stuttgart-Bad Cannstatt 1978, S. 21–43.
[3] Vgl. hierzu H. KRÄMER, *Selbstverwirklichung*, a. a. O., S. 28–29.
[4] H. KRÄMER, *Selbstverwirklichung*, a. a. O., S. 29.
[5] Vgl. hierzu die Ausführungen im Anhang.
[6] Wir folgen A. KEYSERLING, *Geschichte der Denkstile*, 2. Auflage, Wien 1972, S. 209 ff.
[7] Vgl. P. D. OUSPENSKY, *Auf der Suche nach dem Wunderbaren*, Bern–München–Wien, 2. Auflage 1978, S. 111 ff.

1. Die Vielzahl der Verhaltenseinheiten in der Persönlichkeit des Menschen

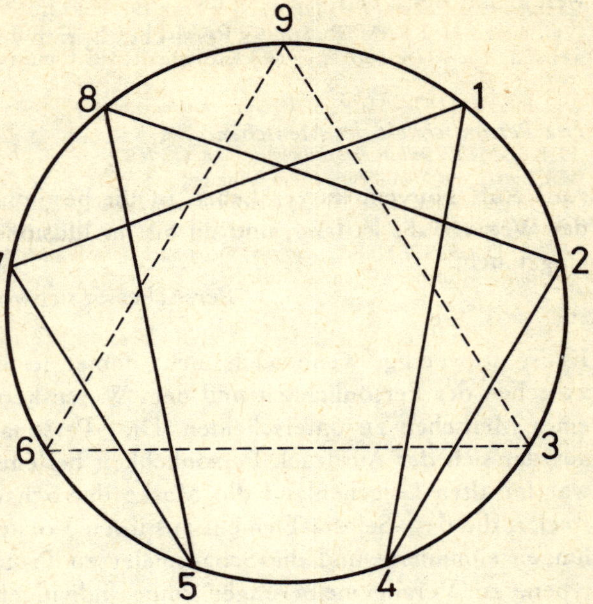

Bilderläuterung: 1 = DIE VIELZAHL DER VERHALTENSEINHEITEN IN DER PERSÖNLICHKEIT DES MENSCHEN; 2 = Selbstbeobachtung und Selbsterinnerung; 3 = *Die Erkenntnis der Lage;* 4 = Der Wesenskern der Menschen; 5 = Die Arbeit an sich selbst; 6 = *Die Erkenntnis des Gegensatzes;* 7 = Die Überwindung negativer Emotionen; 8 = Die Ablehnung der Identifikation; 9 = *Die Wandlung des Menschen*

- Die Persönlichkeit des Menschen
- Das Feststellen der vielen Personen, deren Rollen der Mensch im Laufe des Tages übernimmt
- Die falsche Persönlichkeit
- Selbstdisziplin
- Die Zusammengesetztheit des Individuums
- Die Frage nach dem Ziel

Der weise Mann versteht den Dummkopf,
weil er selbst einmal ein Dummkopf war;
der Dumme versteht jedoch den weisen Mann nicht,
weil er nie weise war.

Persisches Sprichwort

Die Persönlichkeit des Menschen

Auf! Auf! Nur ein kurzes Leben ist dir bestimmt, der Weg vor dir ist lang, und du bist in Illusionen eingetaucht.

Persisches Sprichwort

Es ist notwendig, wenn auch nicht immer leicht, zwischen der Persönlichkeit und dem Wesenskern[1] eines Menschen zu unterscheiden. Die »Persona«, aus der sich der Ausdruck Persönlichkeit herleitet, war im alten Griechenland die Maske der Schauspieler, die das »Selbst«-Element aus ihren Vorstellungen eliminierte und die Schauspieler zu Prototypen, zu Verallgemeinerungen ohne individuelle Züge machte. Die *Persönlichkeit* hat somit die Bedeutung von etwas, was einem nicht selbst gehört und für einen selbst – wie die Maske des Schauspielers – unwesentlich ist. Sie besteht aus Verhaltensmustern oder Verhaltenseinheiten, die wir uns im Laufe des Lebens durch die Erziehung, durch die Umwelt, in der wir leben, durch die Menschen, mit denen wir verkehren, durch Nachahmung, durch die Medien usw. zugelegt haben; zu diesen Einflüssen, die unsere Persönlichkeit und damit unsere vielen Verhaltenseinheiten prägen, treten noch unsere Lebenserfahrungen hinzu. Im Verlauf des Aufwachsens entwickelt ein Individuum mehrere »Personen« oder Masken, die häufig zum Wesenskern oder zum Typ des Menschen in keiner Beziehung stehen. Ungeeignete Masken werden oft von Menschen angenommen, die sich nicht entscheiden können, welche Rolle sie im Leben spielen wollen. In der Welt, in der wir leben, ist eine »Persona«, das heißt eine Maske, notwendig. Sie macht es uns möglich, Rollen zu spielen, mit Situationen fertig zu werden und uns unserer Umgebung anzupassen. Durch die »Kraft der Umstände« werden zahlreiche Teilpersönlichkeiten in uns aufgebaut, die die Gewohnheit einnehmen, mit jeder Situation fertig zu werden, in der wir uns gerade befinden. Eigenschaften in der »Persona« oder Maske sind, da sie sich als Ergebnis äußerer Umstände (Ort, Zeit und Umwelt) entwikkeln, leicht erzeugt und können ebenso leicht wieder gelöscht werden.[2]

Das Feststellen der vielen Personen, deren Rollen der Mensch im Laufe des Tages übernimmt

Viele Steuerleute lassen das Schiff kentern.
Japanisches Sprichwort

Der Mensch ist nach Gurdjieff und Ouspensky keine Einheit – er ist eine Vielheit von Verhaltenseinheiten. Er hat kein Ich, das einheitlich, beständig und unwandelbar wäre. Er wechselt fortwährend. In einem Augenblick ist er eine Person und übernimmt die Rolle dieser Person, im nächsten Augenblick ist er eine andere und spielt die Rolle dieser Person, ein wenig später eine dritte und so weiter.[3]
»Was im Menschen die Illusion von seiner Einheit und Ganzheit schafft, sind (1) die Empfindung seines physischen Körpers, (2) sein Name und (3) eine gewisse Anzahl von mechanischen Gewohnheiten,

die durch Erziehung in ihn eingepflanzt oder durch Nachahmung erworben sind.« Wir werden von Anziehung, Ablehnung, Neigungen und Abneigungen und dem Wechsel von passiven und aktiven Zuständen gelenkt.
Der Mensch wird gleich einer – allerdings nicht mechanischen, sondern kybernetischen Maschine – von außen gesteuert; wenn er seine Evolution selbst beeinflussen will, muß er ein größeres Potential an Aufmerksamkeit und Wachheit gewinnen, welches die Voraussetzung einer wirklichen Arbeit an sich selbst bildet. Hierzu müssen vor allem die »Puffer und Schranken«[4], wie Gurdjieff die Verdrängungen und »guten« Ausreden bezeichnet, abgebaut werden, die bei jedem Menschen unzählige Teilpersönlichkeiten voneinander trennen. Der wirksamste »Puffer« oder »Stoßdämpfer« ist der *Selbstberuhigungsmechanismus,* der uns sagen läßt, daß, wie die Dinge auch immer gehen, wir im Recht sind, alles in Ordnung ist und wir ruhig »schlafen« können; dieser Mechanismus der Selbstrechtfertigung hindert uns, unsere inneren Widersprüche zu sehen und an der Entwicklung unseres Wesenskerns zu arbeiten. Das Erreichen eines wahren, unveränderlichen Ich als Wesenskern ist nach A. Keyserling nicht Erbrecht oder Naturnotwendigkeit, sondern das höchste Ziel der menschlichen Existenz.[5]
Hinter der Maske verschiedener Teilpersönlichkeiten oder zahlreicher kleiner »Ichs«, die seine erworbene, dem wirklichen Selbst fremde Persönlichkeit bilden, zeigt der Mensch Verhaltensweisen, die je nach den Umständen variieren; er glaubt an die Realität einer jeden Teilpersönlichkeit und ist jederzeit überzeugt, daß jede einzelne ihn in seiner Ganzheit darstellt. Nur durch eine richtig geführte Selbstbeobachtung wird offensichtlich, daß der

Mensch keine Ganzheit ist und aus vielen Teilpersönlichkeiten besteht.

Die falsche Persönlichkeit

Eitelkeit und Egoismus sind die Hauptagenten des Teufels.

G. I. Gurdjieff

Wir leben in der Illusion, daß unser Verhalten von einem intelligenten Selbst gelenkt wird, das unseren Namen trägt und das wir »ich» heißen. Dieses Selbst ist jedoch sehr selten anwesend: Unsere täglichen Reaktionen hängen von erfahrungsbedingten Assoziationsstrukturen ab, auf die sich unser Gehirn automatisch bezieht. Jedes Ereignis ruft eine Gruppe geeigneter Reaktionen ins Spiel, die die Antwort auf die jeweilige Situation bestimmen, so daß unser Verhalten von einer Folge von mehr oder weniger automatischen Verhaltenseinheiten oder Teilpersönlichkeiten gelenkt wird.[6] Wir reagieren in der Regel mechanisch auf äußere Ereignisse und innere Regungen.

Einige dieser erworbenen Assoziationen sind objektiv und betreffen die Aneignung von Wissen und Fähigkeiten im Leben; sie bilden die Grundlage der Persönlichkeit. Der Großteil der erworbenen Assoziationen ist jedoch subjektiv und auf ein imaginäres Selbst bezogen, mit dem wir von Kindheit aufgezogen worden sind.

Die Illusion dieser imaginären Verhaltenseinheiten schafft eine Vielzahl von Assoziationen, aus denen eine *falsche Persönlichkeit* aufgebaut wird, die an unser Verhalten unnotwendige und nutzlose Anforderungen stellt. Sie besteht aus egoistischen Illusionen,

Eitelkeit und Stolz, aus Lügen und Wahnvorstellungen, aus Selbstmitleid, Selbstbetrug, Arroganz u. a. m. Wir überlegen uns, was die Leute von uns denken, ob wir richtig gehandelt haben, ob uns die Mitmenschen schätzen, ob sie uns mit der gebührenden Achtung behandeln und so fort. Auch wenn wir es nicht nach außen ausdrücken, sind wir getroffen, wenn die Anerkennung der Mitmenschen ausbleibt.
Diese und ähnliche Erscheinungen der falschen oder imaginären Persönlichkeit führen uns laufend dazu, andere Menschen und Ereignisse zu beurteilen, und zwar in bezug auf die Wünsche, die unser imaginäres »Ich« hegt. Wir legen das ganze Bündel der Gefühle über uns selbst in dieses imaginäre Ich und identifizieren uns mit seinem Verhalten.
Wir leben in der Tat in einem permanenten Zustand des »Sich-innerlich-Richtens«.[7]
Die dominierenden Aspekte der falschen Persönlichkeit – Selbstliebe, Angst, Selbsttäuschung, Machtstreben, Neid, Lüge usw. –, die Gurdjieff unseren Hauptzug oder Hauptfehler nennt, müssen von jedem von uns selbst aufgedeckt werden. Dazu ist Ehrlichkeit in unseren Selbstbeobachtungen notwendig; häufig sehen die anderen unseren Hauptfehler leichter als wir, und wir können von ihnen lernen. Der Hauptzug oder Hauptfehler ist der zentrale Punkt, um den sich alle anderen Eigenschaften unserer Persönlichkeit drehen – er kann uns unser ganzes Leben lang verborgen bleiben; wenn er uns jedoch nach langer und mühsamer Arbeit an uns selbst oder durch äußere Ereignisse bewußt wird, kann seine Erkenntnis eine tiefe Schockwirkung auf uns ausüben.
Wenn wir unseren Hauptzug ohne Kritik oder Schuldgefühle zu sehen beginnen, kann er zu einer großen Möglichkeit für unsere innere Entwicklung

werden. Wenn dagegen die falsche Persönlichkeit zur dominierenden Komponente eines Menschen wird, zerstört sie seine Fähigkeit zum inneren Wachstum.

Die Hauptursachen der meisten Mißverständnisse, die in der inneren Welt des Menschen genauso wie im Bereich seines alltäglichen Lebens und in den Beziehungen zwischen den beiden Welten entstehen, sind auf seine *falsche Persönlichkeit* zurückzuführen. Insbesondere sind es die negativen Emotionen Eitelkeit und Selbststolz, die die innere Entwicklung des Menschen behindern.

Die *wahre Persönlichkeit* dagegen ist der Teil der Persönlichkeit, der im Leben durch unsere Herzensbildung, unseren Beruf, unsere Ausbildung usw. entwickelt wird; sie ist im Unterschied zur falschen Persönlichkeit von wirklichem Wert, wenn wir unseren Lebensunterhalt verdienen und uns mit dem »Know-how« der Existenz vertraut machen. Sie enthält, wie erwähnt, alle Eigenschaften, Fähigkeiten und Fertigkeiten, die wir im Leben erwerben oder entwickeln und für die professionelle Ausübung unserer Rollen im Leben brauchen. Die wahre Persönlichkeit hilft dem Menschen, nicht zu zeigen, was er alles fühlt, noch jeden Augenblick zu bekennen, was er fühlt; sie ist die Voraussetzung dafür, daß er jede Rolle, die ihm im Leben zugeteilt wird, gut spielen kann. Wer die Stufe der wahren Persönlichkeit erreicht hat, der hat Macht über seinen Gesichtsausdruck, ja er kann sogar, um mit H. I. Khan zu sprechen, Tränen in Lächeln und Lachen in Tränen umwandeln; er hat Macht über die Natur und betrachtet es als seine Pflicht und Aufgabe, seine Rolle im äußeren Leben zu spielen, auch wenn sie augenblicklich seiner inneren Stimmung nicht entspricht.

Die falsche Persönlichkeit ist unser größter Feind; sie muß durch Arbeit an uns selbst geschwächt werden, wenn wir ein inneres Wachstum anstreben.
Die *wahre Persönlichkeit* ist im Sein des Menschen begründet und beruht auf Wissen, Können, Integrität, Charakterstärke oder, mit anderen Worten, auf Professionalität und Menschlichkeit; sie ist zu unterscheiden von der falschen Persönlichkeit, die von Eitelkeit und Selbstliebe beherrscht wird. Solange die falsche Persönlichkeit überwiegt, ist ein innerer Wandel nicht möglich; nur eine Erhöhung unseres Bewußtseins durch Selbstbeobachtung und Selbsterinnerung vermag die falsche Persönlichkeit zu zerstören. Die Stärke der falschen Persönlichkeit hängt von den »Stoßdämpfern« oder »Puffern« ab, die uns hindern, uns so zu sehen, wie wir wirklich sind. Wer das falsche Ich verliert, entdeckt das wahre Selbst und hält es auch unter Kontrolle, denn jede äußerliche Bekundung ist eine Reaktion auf einen inneren Zustand. Dazu gelangt man durch Stärkung des Willens und durch Selbstdisziplin.

Selbstdisziplin

Wenn nichts geopfert wird, kann nichts erreicht werden.

G. I. Gurdjieff

Die innere Einheit wird durch harte innere Arbeit und inneren Kampf zwischen dem »Ja« und dem »Nein« im Menschen erreicht. »Wenn ein Mensch ohne inneren Kampf lebt, wenn alles ohne Widerspruch in ihm geschieht, wenn er überall hingeht, wohin er gezogen wird oder wohin der Wind bläst, wird er bleiben wie er ist. Aber wenn ein Kampf in ihm beginnt und wenn vor allem dieser in einer bestimmten Richtung verläuft, dann beginnen sich allmählich dauernde Züge zu formen«; sein Wesenskern beginnt zu »kristallisieren«.

Mit sich selbst zu kämpfen ist eine schwierige Übung. Wir sind an den Wettbewerb mit anderen Menschen und mit Unternehmungen gewöhnt. Wir versuchen, unseren Willen anderen gegenüber durchzusetzen; dies geschieht in der Regel dadurch, daß eigene Stärken wirksam genutzt und die Schwächen der anderen zum eigenen Vorteil ausgespielt werden. Gleichzeitig versuchen aber auch die anderen, ihren Willen uns gegenüber durchzusetzen: es werden Anforderungen an uns gestellt, denen wir uns unterwerfen oder auch nicht, die uns jedoch in der Regel berühren. Wir sind, mit anderen Worten, gezwungen, die unangenehmen Äußerungen der anderen zu ertragen.

Mit sich selbst zu kämpfen, bedeutet zu erkennen, daß alle diese Probleme von der Vielzahl der Verhaltenseinheiten oder »Ichs« herrühren, die je nach der spezifischen Situation und je nachdem, welches »Ich« gerade tonangebend ist, Forderungen an uns, an andere und an die Welt stellen. Wie kann diese Ansammlung von Verhaltenseinheiten mit sich selbst kämpfen? Oder, um mit Juvenal zu sprechen: »Quis custodiet ipsos custodes?« Wer bewacht die Wächter selbst?

Ein neuer Wille auf einer höheren Bewußtseinsebene ist notwendig, der hinter die Fassade der Persönlichkeit (lat. persona = Maske) sehen kann. Diese Verhaltenseinheit, die im Unterschied zu den vielen kleinen »Ichs« der Persönlichkeit als das permanente, große »Ich« bezeichnet werden kann, ist der *Wesenskern* des Menschen; dieser kann ohne Urteil oder Kritik die vielen Aspekte unseres Ver-

haltens beobachten und ihren relativen Wert erkennen; er kann die Verhaltenseinheiten fördern, die unserer inneren Entwicklung dienlich sind. Es geht, mit anderen Worten, darum, die Persönlichkeit im Menschen durch seinen Wesenskern zu ersetzen; die Ausdehnung der Persönlichkeit ist die natürliche Folge des »Gesetzes der geringsten Anstrengung«, das alle Involutionsprozesse regelt.
Die Vervollkommnung des eigenen Wesenkerns ist nach J. Blofeld erforderlich, bevor man der Welt von wirklichem Nutzen sein kann, und Selbstentfaltung muß gelingen, bevor man für sich in Anspruch nehmen darf, die Wahrheit zu erkennen oder sie zu lehren.

Die Zusammengesetztheit des Menschen

Kümmere dich nicht um andere, denn du hast genug über dich selbst nachzusinnen.

Rumi

Gurdjieff beschreibt das Fehlen der Einheit im Menschen wie folgt:[9]
»Der Mensch hat keine Individualität. Er hat kein einziges großes Ich. Der Mensch ist in eine Vielfalt kleiner Ichs geteilt.
Und jedes einzelne kleine Ich ist fähig, sich das Ganze zu nennen, im Namen des Ganzen zu handeln, zuzustimmen oder abzulehnen, Versprechen zu geben, Entscheidungen zu treffen, was ein anderes Ich oder das Ganze dann ausbaden muß. Dies erklärt, warum Menschen so oft Entscheidungen treffen und sie so selten ausführen. Ein Mensch entschließt sich, von morgen ab früh aufzustehen. Ein Ich oder eine Gruppe von Ich's beschließt dies. Aber

das Aufstehen fällt unter die Zuständigkeit eines ganz anderen Ichs, das diese Entscheidung vollständig ablehnt oder sogar nichts davon weiß. Natürlich wird der Mensch fortfahren, den Morgen zu verschlafen und am Abend wird er sich erneut entschließen, früh aufzustehen. In manchen Fällen kann dies sehr unangenehme Folgen für den Menschen haben. Ein kleines zufälliges Ich mag etwas versprechen, nicht sich selbst, sondern jemand anderem, einfach aus Eitelkeit oder aus Spaß. Dann verschwindet es und der Mensch, das heißt die gesamte Summe anderer Ich's, die ganz unschuldig daran sind, müssen ihr ganzes Leben dafür bezahlen. Es ist die Tragödie des Menschen, daß jedes kleine Ich das Recht hat, Schecks und Wechsel zu unterzeichnen und der Mensch, das heißt das Ganze, dafür aufzukommen hat. Oft besteht das ganze Leben eines Menschen darin, Wechsel kleiner, zufälliger Ich's einzulösen.

Die östlichen Lehren enthalten zahlreiche allegorische Bilder, die versuchen, die Natur des Menschen von diesem Gesichtspunkt aus zu schildern.

So wird in einer Lehre der Mensch einem Haus verglichen, in dem es eine Menge Diener gibt, aber kein Herr und kein Haushälter da sind. Die Dienstboten haben alle ihre Pflichten vergessen; niemand tut, was er soll. Jeder versucht, den Herrn zu spielen, wenn auch nur für einen Augenblick, und durch diese Unordnung droht dem ganzen Haus große Gefahr. Die einzige Rettungsmöglichkeit besteht darin, daß eine Gruppe vernünftiger Diener sich versammelt und einen zeitweiligen Haushälter erwählt, das heißt einen stellvertretenden Haushälter. Dieser stellvertretende Haushälter kann dann die anderen Diener auf ihren Platz verweisen und darauf sehen, daß jeder seine eigene Arbeit verrichte:

Der Koch in der Küche, der Kutscher im Stall, der Gärtner im Garten und so fort. Auf diese Weise kann das ›Haus‹ für die Ankunft des wirklichen Haushälters vorbereitet werden, der es dann seinerseits für die Ankunft des Herrn vorbereitet.
Aber auch das klarste Verstehen seiner Möglichkeiten wird einen Menschen ihrer Verwirklichung nicht näher bringen. Um diese Möglichkeiten zu verwirklichen, muß er einen sehr starken Wunsch nach Befreiung verspüren und muß bereit sein, für seine Befreiung alles zu opfern und alles zu wagen.
Wenn ein Mensch zu dem Schluß kommt, daß er nicht länger auf die Weise, wie er bisher gelebt hat, leben kann und leben will; wenn er wirklich alles sieht, woraus sein Leben besteht, und sich entschließt, an sich zu arbeiten, muß er mit sich selbst wahrhaftig sein, um nicht in eine noch schlimmere Lage zu geraten. Denn es gibt nichts Schlimmeres, als die Arbeit an sich zu beginnen und dann zu verlassen und sich zwischen zwei Stühlen zu befinden; viel besser ist es, gar nicht zu beginnen. Und um nicht vergeblich zu beginnen oder eine Selbst-Täuschung zu riskieren, sollte man seinen Entschluß viele Male überprüfen. Und vor allem muß man wissen, wie weit man bereit ist zu gehen, was man bereit ist zu opfern. Es gibt nichts Leichteres, als zu sagen, alles. Der Mensch kann niemals alles opfern, und das kann auch nie von ihm verlangt werden. Aber er muß genau festlegen, was er zu opfern bereit ist, und darf später nicht versuchen zu handeln. Oder es wird sich mit ihm so verhalten wie mit dem Wolf im armenischen Märchen.
Es war einmal ein Wolf, der viele Schafe zerriß und viele Menschen zu Tränen brachte.
Schließlich, ich weiß nicht warum, fühlte er plötzlich Gewissensbisse und begann sein Leben zu be-

reuen; so beschloß er, sich zu bessern und keine Schafe mehr zu zerreißen.
Um dies gewissenhaft zu tun, ging er zu einem Priester und bat ihn, einen Dankgottesdienst abzuhalten.
Der Priester begann den Gottesdienst, und der Wolf stand weinend und betend in der Kirche. Der Gottesdienst war lang. Der Wolf hatte viele Schafe des Priesters zerrissen, und darum betete der Priester inständig, daß der Wolf sich wirklich bessern möge. Plötzlich blickte der Wolf durch das Fenster und bemerkte, daß die Schafe heimgetrieben wurden. Er begann unruhig zu werden, aber der Priester fuhr immer weiter fort, ohne Ende.
Schließlich konnte der Wolf sich nicht mehr halten und rief: ›Hör auf, Priester! Sonst werden alle Schafe heimgeführt sein, und ich werde ohne Nachtmahl bleiben.‹ Dies ist ein gutes Märchen, weil es den Menschen sehr gut beschreibt. Er ist bereit, alles zu opfern, aber schließlich ist das heutige Nachtmahl eine andere Angelegenheit.
Der Mensch will immer mit etwas Großem beginnen. Aber dies ist unmöglich; bei der Arbeit an sich gibt es keine Wahl, wir müssen mit alltäglichen Dingen beginnen.«[10]
Die drei grundlegenden Tatsachen – die Vergeßlichkeit, in bezug auf unser wirkliches Ich, unsere Einbildungen und unsere kontinuierliche Identifikation mit allem, was uns geschieht – erklären zu einem Großteil unsere gewöhnliche Art zu leben. An Stelle des fehlenden Wesenskerns bildet sich eine Persönlichkeit mit vielen Teilpersönlichkeiten, die nur lose untereinander verbunden sind und häufig im Widerspruch zueinander stehen. Diese verschiedenen Teilpersönlichkeiten, Verhaltenseinheiten oder »Ichs« befähigen uns, die typischen Situationen

unseres Lebens nach den Spielregeln zu meistern, die wir gelernt haben. Diese künstlich durch die Erfahrungen des Lebens, durch Erziehung und Nachahmung, durch Gewohnheiten und »Stoßdämpfer« aufgebaute Persönlichkeitsstruktur schreibt sich selbst Eigenschaften zu, von denen nur der Anschein besteht und die häufig keinen Bezug zur Wirklichkeit aufweisen: Einheit, Kontinuität und andere illusorische Kräfte.

Bei der *Beurteilung eines Menschen* muß von der Vielzahl der Teilpersönlichkeiten ausgegangen werden, aus denen er zusammengesetzt ist. Die Formulierung der Beurteilung eines Menschen hat die folgende allgemeine Form: wenn $b > a$, überwiegen im Menschen die Verhaltenseinheiten seiner wahren Persönlichkeit; ist jedoch $b < a$, wird der Mensch durch seine falsche Persönlichkeit, seine vielen kleinlichen und egoistischen »Ichs« geprägt. In dieser allgemeinen Formulierung sind b die Teilpersönlichkeiten, die die wahre Persönlichkeit eines Menschen bilden, a dagegen die Teilpersönlichkeiten, aus denen seine falsche Persönlichkeit besteht.

Die Wahl eines teleologischen Beurteilungskriteriums hat den Vorteil, daß der »Wert« eines Menschen nicht einzig aus den Manifestationen seiner falschen Persönlichkeit, denen die äußere Welt Priorität zuzuweisen scheint, abgeleitet wird; er ist die Resultierende aus den Verhaltenseinheiten seiner wahren und seiner falschen Persönlichkeit.

Halte dir deine Absicht bei jedem Schritt, den du tust, vor Augen.

Aus: »Essenz der Lehre der Meister«

Jeder Mensch muß sein eigenes, persönliches Ziel haben: der eine möchte Reichtümer erwerben, ein anderer Gesundheit haben, ein dritter will Unternehmer, ein vierter Generaldirektor werden und so fort. Die beste Formulierung der möglichen persönlichen Ziele eines Menschen ist der Wunsch, *sein eigener Herr zu sein.* Ohne dies ist nichts anderes möglich und ohne dies hat nichts einen Wert.[11]
»*Sein heißt Herr seiner selbst sein.* Wenn ein Mensch nicht sein eigener Herr ist, hat er nichts und kann er nichts haben ... Er ist einfach eine Maschine, ein Automat ... Und im Vergleich zu diesem Ziel sind alle anderen Wünsche einfach kindische Träume, Wünsche, mit denen ein Mensch nichts anzufangen wüßte, selbst wenn sie ihm gewährt würden.
Jemand sagt zum Beispiel, er wolle den Menschen helfen. Um fähig zu werden, *Menschen zu helfen*, muß man erst lernen, sich selbst zu helfen. Eine große Anzahl Menschen beschäftigt sich nur aus Faulheit in Gedanken und Gefühlen damit, anderen zu helfen. Sie sind zu faul, an sich selbst zu arbeiten; und gleichzeitig ist es sehr angenehm für sie, zu denken, sie seien fähig, anderen zu helfen. Dies heißt falsch und unaufrichtig mit sich selbst sein. Wenn ein Mensch auf sich selber schaut, wie er wirklich ist, dann wird er nicht anfangen zu denken, wie er anderen Leuten helfen könnte: er wird sich schämen, daran zu denken. Menschheitsliebe, Altruismus, das sind alles sehr schöne Worte, aber sie haben nur dann eine Bedeutung, wenn ein Mensch

durch eigene Wahl und eigenen Entschluß fähig wird, zu lieben oder nicht zu lieben, ein Altruist oder ein Egoist zu sein. Dann hat sein Entschluß einen Wert. Aber wenn überhaupt keine Wahl da ist, wenn er gar nicht anders sein kann, wenn er nur so ist, wie der Zufall ihn gemacht hat oder ihn macht, heute Altruist, morgen Egoist, dann übermorgen wieder Altruist, dann hat das überhaupt keinen Wert. Um anderen zu helfen, muß man erst lernen, ein Egoist, ein bewußter Egoist zu sein. Nur ein bewußter Egoist kann Menschen helfen.«[12]

C. G. Jung, dessen zentrale Konzeption der mehrheitlich in der zweiten Lebenshälfte stattfindende Individuationsprozeß ist, hat hierin als Ziel die transzendentale Erfahrung und ihre facettenreiche Verarbeitung angesiedelt:

»Die entscheidende Frage für den Menschen ist: Bist du auf Unendliches bezogen oder nicht? Das ist das Kriterium seines Lebens. Nur wenn ich weiß, daß das Grenzenlose das Wesentliche ist, verlege ich mein Interesse nicht auf Nebensächliches (im Originaltext steht ›Futilitäten‹) und auf Dinge, die nicht von entscheidender Bedeutung sind. Wenn ich es nicht weiß, so insistiere ich darauf, um dieser oder jener Eigenschaft willen, die ich als persönlichen Besitz auffasse, etwas in der Welt zu gelten. Also vielleicht wegen ›meiner‹ Begabung oder ›meiner‹ Schönheit. Je mehr der Mensch auf falschem Besitz insistiert und je weniger das Wesentliche für ihn spürbar ist, desto unbefriedigender ist sein Leben. Er fühlt sich beschränkt, weil er beschränkte Absichten hat, und das schafft Neid und Eifersucht. Wenn man versteht und fühlt, daß man schon in diesem Leben an das Grenzenlose angeschlossen ist, ändern sich die Wünsche und Einstellung. Letzten Endes gilt man nur wegen des Wesentlichen, und wenn man das nicht hat, ist das Leben vertan. Auch in der Beziehung zum anderen Menschen ist es entscheidend, ob sich das Grenzenlose in ihr ausdrückt oder nicht.«[13]

In einer Zeit, die ausschließlich auf Erweiterung des Lebensraumes und der Persönlichkeit sowie Vermehrung des rationalen Wissens gerichtet ist, findet selten eine harmonische Entwicklung des Wesenskerns, der an das Grenzenlose angeschlossen ist, und der Persönlichkeit statt. Beide entwickeln sich in unserer Zeit auf eine ungleichmäßige Weise. In gebildeten, kultivierten Menschen ist die Persönlichkeit entwickelt; die Gesamtheit unserer Kultur, Zivilisation, Wissenschaft, Kunst, Philosophie, Wirtschaft und Politik ist eine Manifestation der Persönlichkeit. Der Wesenskern der hervorragenden Vertreter unserer Zeit ist häufig infantil und auf der Stufe eines sechs- bis zwölfjährigen Kindes stehengeblieben. Bei Menschen, die im Kontakt mit der Natur oder unter schwierigen Bedingungen leben, hat der Wesenskern mehr Möglichkeiten zum Wachstum; ihre Persönlichkeit ist aber häufig unterentwickelt, da formale Erziehung, Bildung, Kultur und Wissen fehlen.

Für die Arbeit an sich selbst und für die wirksame Entwicklung einer wahren Individualität und eines permanenten »Ichs« ist die *harmonische Entwicklung von Wesenskern und Persönlichkeit* höchste Forderung. Bis zu einem gewissen Grad ist die Entwicklung der Persönlichkeit genauso notwendig wie das Wachstum des Wesenskerns. Ohne hinreichendes Wissen und ohne sich seiner Begrenzung bewußt zu sein, kann der Mensch keine wirkliche Arbeit an sich selbst ausführen. Ohne sie gibt es keine Wahrnehmung des Unbegrenzten und daher auch keine Bewußtwerdung, sondern bloß eine Identifikation

mit den verschiedenen Aspekten unserer Persönlichkeit.
Gurdjieff sagte einmal, man könne am eigenen Weg nur weiterkommen, wenn man diesen als eine Leiter betrachtet, auf der man mit größter Anstrengung die höhere Sprosse erreicht und mit der anderen Hand Nachfolgern auf die eigene hilft. Wer sich mit einer Stufe identifiziert und auf ihr stehen bleibt, sich gar umdreht und bewundern läßt, vollzieht keinen inneren Fortschritt und stagniert.[14]
Jeder Mensch, sagt Vivekananda, soll sich ein eigenes Ziel formen und danach streben, es zu erreichen; so kommt er sicherer vorwärts, als wenn er den Zielen anderer nachlebt, die zu erreichen er niemals hoffen kann. Jeder muß seine eigene Arbeit auf seine eigene Weise ausführen. Wir erfüllen nicht unser Schicksal, bestätigt J. G. Bennett, indem wir andere nachahmen, wie überlegen sie auch sein mögen. Wir können die Arbeit anderer, so wie sie es können, nicht ausführen. Jeder ist groß an seinem eigenen Platz, sagt Vivekananda, aber die Pflichten des einen sind nicht die Pflichten des anderen. »Lieber sein eigenes, noch so niedriges Dharma erfüllen, als das noch so erlauchte eines anderen«, heißt es in der Bhagavadgita. Wenn der Mensch sich selbst richtig erkannt hat, dann ist er auch mit der Stufe im äußeren Leben zufrieden, die zu ersteigen in ihm liegt. Die Lebenslüge, die Selbstillusionierung, die Feigheit vor sich selbst, das Piedistal, auf das sich jemand selbst gestellt hat, sind die Haupthindernisse für den inneren Fortschritt.

Anmerkungen:

[1] Dazu im folgenden S. 39 ff.

[2] Vgl. hierzu ausführlich R. S. de ROPP, *Das Meisterspiel*, München o. J., S. 126 ff.

[3] Vgl. hierzu P. D. OUSPENSKY, *Die Psychologie der möglichen Evolution des Menschen*, Berlin 1981, S. 17; siehe auch P. FERRUCI, *What We May Be*, Los Angeles 1982, S. 17 ff., siehe auch

[4] P. D. OUSPENSKY, *Die Psychologie der möglichen Evolution des Menschen*, a. a. O., S. 18.

[5] Dazu im folgenden Abschnitt 4.

[6] Nach dem Humanitätsideal der Klassik (*Goethe*) war die Persönlichkeit das höchste Ziel der Selbstverwirklichung des Menschen durch Bildung. Auch die Psychologie des 20. Jahrhunderts betrachtet den Menschen als Einheit und nicht als Konglomerat von Teilpersönlichkeiten; sie scheint sich im wesentlichen mit dem imaginären »Ich« zu beschäftigen.

[7] Vgl. hierzu die Ausführungen im Abschnitt 8.

[8] P. D. OUSPENSKY, *Auf der Suche nach dem Wunderbaren*, a. a. O., S. 45.

[9] Zitiert aus P. D. OUSPENSKY, *Auf der Suche nach dem Wunderbaren*, a. a. O., S. 85–86.

[10] P. D. OUSPENSKY, *Auf der Suche nach dem Wunderbaren*, a. a. O., S. 537–538.

[11] Vgl. hierzu P. D. OUSPENSKY, *Auf der Suche nach dem Wunderbaren*, a. a. O., S. 142 ff.

[12] P. D. OUSPENSKY, *Auf der Suche nach dem Wunderbaren*, a. a. O., S. 147–148.

[13] C. G. JUNG, *Erinnerungen, Träume, Gedanken.* Aufgezeichnet und herausgegeben von A. Jaffé. Olten und Freiburg im Breisgau 1971, S. 327–328.

[14] Vgl. hierzu A. u. W. KEYSERLING, *Kriterien der Offenbarung*, Wien 1982, S. 34 ff.

2. Selbstbeobachtung und Selbsterinnerung

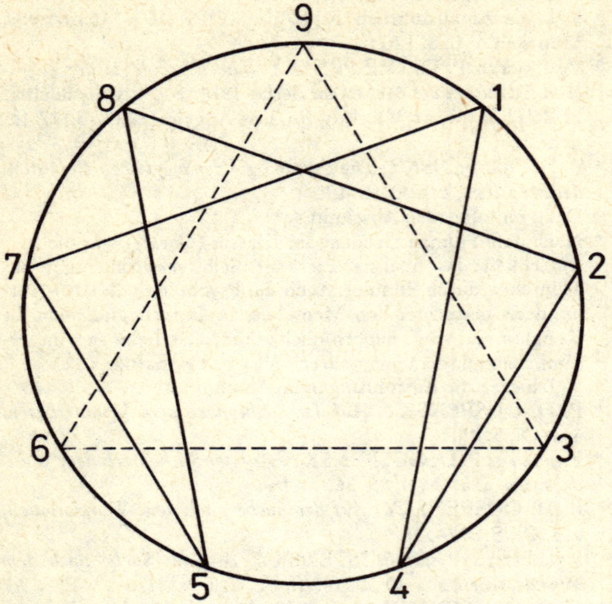

Bilderläuterung: 1 = Die Vielzahl der Verhaltenseinheiten in der Persönlichkeit des Menschen; 2 = SELBSTBEOBACHTUNG UND SELBSTERINNERUNG; 3 = *Die Erkenntnis der Lage;* 4 = Der Wesenskern des Menschen; 5 = Die Arbeit an sich selbst; 6 = *Die Erkenntnis des Gegensatzes;* 7 = Die Überwindung negativer Emotionen; 8 = Die Ablehnung der Idendifikation; 9 = *Die Wandlung des Menschen*

- Die Selbstbeobachtung
- Die Selbsterkenntnis
- Die Selbsterinnerung

Makellos handeln heißt, dein Bestes zu tun, ganz egal, was du tust. Der Schlüssel zu all diesen Fragen nach der Makellosigkeit ist das Gefühl, Zeit zu haben oder keine Zeit zu haben. Als Faustregel mag gelten: Wenn du dich wie ein unsterbliches Wesen fühlst, das alle Zeit auf Erden hat und dementsprechend handelt, dann bist du nicht makellos. In solchen Momenten solltest du dich umdrehen, in die Runde schauen, und dann wirst du erkennen, daß dein Gefühl, Zeit zu haben, töricht ist. Auf dieser Erde gibt es keine Überlebenden! Du hast nur noch wenig Zeit, und schon gar keine Zeit für Dummheiten. Ein wunderbarer Zustand. Ich möchte sagen, das Beste in uns kommt immer dann heraus, wenn wir mit dem Rücken zur Wand stehen, wenn wir das Schwert über uns hängen fühlen.

C. Castaneda

In der Vorstellung wird der Wesenskern des Menschen bewußt; mit Hilfe von Selbstbeobachtung und Selbsterinnerung gilt es nun, die Verbindung zwischen Vorstellung und Wesenskern des Menschen zu festigen. In der *Selbstbeobachtung* werden sonst mechanische Handlungen bis ins letzte bewußt gemacht. In der *Selbsterinnerung* soll das geistige Ziel keinen Augenblick aus dem Auge verloren werden.[1]

Die Selbstbeobachtung

Es gibt Zeiten, wo es notwendig ist, nichts zu tun – nur nicht träge zu sein.

Chinesisches Sprichwort

Selbstbeobachtung ist das aufmerksame Registrieren von Vorgängen im eigenen Bewußtsein. Die Grenzen der Selbstbeobachtung liegen darin, daß die beobachteten Vorgänge leicht bereits durch die Selbstbeobachtung beeinflußt werden können. Problematisch ist auch, inwieweit Ergebnisse der Selbstbeobachtung überhaupt mit Worten ausgedrückt werden können.[2]

Bei der Selbstbeobachtung wird die Aufmerksamkeit nach innen gelenkt, so daß man der Zuschauer seiner eigenen Tätigkeiten wird. Man registriert oder stellt einfach fest, was früher unbemerkt geschehen ist. Man wird zwangsläufig Dinge entdekken, die man schätzt und solche, die man nicht schätzt; die schlechten Dinge sollten aber nicht kritisiert und die guten nicht gelobt werden. Das Studium seiner selbst, der vielen Personen, die der Mensch im Laufe eines Tages übernimmt, ist der erste Schritt zur Selbsterkenntnis, die bekanntlich der Beginn der Weisheit ist und mit Selbstbeobachtung beginnt. Wir beobachten uns selbst mit Abstand, als ob wir einen anderen Menschen vor uns hätten, über den wir sehr wenig wissen.

Die Selbstbeobachtung zerstört die Einbildung und führt zur Erkenntnis, daß wir keinen inneren Schwerpunkt besitzen, von äußeren Ereignissen gelenkt werden und in allem zwischen Haß und Liebe, zwischen Zuneigung und Abneigung, ja und nein pendeln. Sie zeigt uns, wenn wir innerlich Vergleiche anstellen oder buchführen, ob uns andere möglicherweise nicht richtig behandelt haben und führt dazu, daß wir auch an die anderen und an ihre Schwierigkeiten denken. Dadurch, daß wir aufhören, Vergleiche anzustellen oder Buch zu führen, erheben wir uns auf eine neue Bewußtseinsebene und sehen, wie wir unseren Mitmenschen und auch uns selbst helfen können.

Durch Selbstbeobachtung können wir feststellen, daß die falsche Persönlichkeit der größte Feind unseres Wesenskerns ist. Die falsche Persönlichkeit, aufgebaut in der Umwelt, in der wir leben, greift laufend ein und behindert das Wachstum unseres Wesenskerns. Wenn wir uns selbst vergessen, uns mit dem jeweils vorherrschenden »Ich« in unserer Persönlichkeit identifizieren, wenn wir innerlich abrechnen, ob uns die gebührende Achtung und Anerkennung von unseren Mitmenschen entgegengebracht wird oder uns einer trügerischen und phantastischen Einbildung über uns selbst hingeben, kann sich unser wirkliches »Ich« nicht entfalten. Die Individualität eines Menschen, sein wirkliches »Ich«, kann nur aus dem Wesenskern wachsen. Die Individualität (Individuum = das Unteilbare) eines Menschen kann deshalb als voll entfalteter Wesenskern bezeichnet werden.[3]

Ein Ziel der Selbstbeobachtung ist, daß wir uns über die Beweggründe und Ziele unserer Handlungen, Gedanken und Gefühle klar werden.

Wir leben in einer falschen Persönlichkeit. Aufgrund der vielen »Stoßdämpfer«, guten Erklärungen, Ausreden und Schranken sehen wir die Widersprüche in uns nicht. Das Bild, das wir uns von uns machen, ist durch die Einbildung verzerrt. Wir haben eine dunkle Seite in uns, eine Reihe von Eigenschaften und Verhaltensweisen, über die wir nichts wissen, die uns unbewußt sind, die jedoch in uns handeln (Abb. 2-1). In diese Dunkelheit kann die Selbstbeobachtung einen Lichtstrahl werfen. Der Wunsch eines Menschen nach innerem Wandel und die Stärke seines Einsatzes hängen von der Qualität, der Intensität und der Ausrichtung der Selbstbeobachtung ab. Die richtige Selbstbeobachtung hängt von drei Faktoren ab: einem beobachtenden Ich, beobachteten Verhaltenseinheiten und Aufmerksamkeit, die beide verbindet; sie verlangt eine innere Trennung und einen Kampf mit unseren Gewohnheiten.

Verhaltensweisen und Eigenschaften	anderen bekannt	Öffentlicher Bereich	Blinder Bereich
	anderen unbekannt	Privater Bereich	Unbewußter Bereich
		uns selbst bekannt	uns selbst unbekannt
		Verhaltensweisen und Eigenschaften	

Abb. 2-1: Die verschiedenen Bereiche in der Persönlichkeit des Menschen (»Johari-Fenster«)

Die Selbsterkenntnis

Erkenne dich selbst

Inschrift des Apollo-Tempels in Delphi

Der *Selbsterkenntnis* steht praktisch die zweifache Schwierigkeit des fehlenden Abstandes und der durch die Selbstliebe sich nahelegenden Selbsttäuschung entgegen. Für die Gestaltung des eigenen Wesenskerns ist die Selbsterkenntnis jedoch entscheidend und wurde schon in der griechischen Antike als Grundlage allen tieferen Denkens gefordert, so besonders von Sokrates. Der Apollo-Tempel in

Delphi trug die griechische Aufschrift: Gnothi se auton (Erkenne dich selbst).[4] Goethe stand ihrer Möglichkeit skeptisch gegenüber.
Die Selbsterkenntnis betrifft das eigene Sein und Verhalten sowohl in seinen konkreten Anlagen, Fähigkeiten und Haltungen (besonders bezüglich der Schwächen und Fehler) als auch in konkreten einzelnen Situationen (besonders hinsichtlich der Motive); sie betrifft somit die Ziele und Beweggründe eines Menschen.
Die Selbstbeobachtung ist auf die Auffindung der falschen Persönlichkeit, das heißt der »Hauptfehler« oder des »Hauptzuges« in jedem von uns gerichtet. Bei manchen Menschen kann sie so unter verschiedenen formalen Äußerungen verborgen sein, daß sie fast unmöglich zu finden ist.[5] Die Selbsterkenntnis zerstört unsere Einbildung, das heißt die falsche Persönlichkeit in uns, und kann uns innere Stärke verleihen. »Die Mitmenschen sehen in der Regel den Hauptzug eines Menschen, wie verborgen dieser auch sein mag. Natürlich können sie ihn nicht immer in Worten definieren. Aber ihre Definitionen sind oft sehr gut und treffend«[6] (Abb. 2-1). Wenn irgend jemand mit der von einem anderen gegebenen Bestimmung seines Hauptzuges nicht einverstanden ist, zeigt in der Regel die Tatsache, daß der Betreffende nicht übereinstimmt, daß die Beurteilung richtig ist. Wir kennen in der Regel die anderen besser als sie sich selbst kennen, deshalb ist gegenseitige Hilfe notwendig und gewinnbringend. Oft aber hindern uns Selbstliebe und Selbststolz, Nutzen zu ziehen, wenn man uns unsere Fehler und Schwächen vorhält, da wir häufig sie ableugnen oder uns selbst rechtfertigen. Wir müssen versuchen, uns in die Position der anderen zu versetzen – sie haben die gleiche Bedeutung wie wir; »sie leiden wie du«, sagt

Gurdjieff, »und, wie du, werden sie sterben. Nur dann, wenn du immer versuchst, dir diese Bedeutung vor Augen zu halten, bis sie eine Gewohnheit wird, wenn deine Aufmerksamkeit auf jemandem ruht, wirst du fähig, ein wirkliches ›Ich‹ zu haben.«[7]
Wir müssen einen Weg finden, gegen die falsche Persönlichkeit, unsere Hauptfehler oder unseren Hauptzug anzukämpfen und deren *unwillkürliche Äußerungen* zerstören; dann werden wir auf die Menschen nicht den Eindruck machen, den wir jetzt auf sie machen, sonderen jenen Eindruck, den wir machen möchten.
Im gewöhnlichen Leben spielen wir die Rollen unbewußt. Wir müssen versuchen, die Rollen *bewußt* zu spielen. In einem »Brief an einen Derwisch« schreibt Gurdjieff: »Das Zeichen eines vervollkommneten Menschen und seiner Besonderheit im gewöhnlichen Leben muß es sein, daß er, in bezug auf alles, was außerhalb von ihm geschieht, fähig ist und dies als wertvolle Handlung kann, die Rolle äußerlich zur Perfektion zu spielen, die der gegebenen Situation entspricht; gleichzeitig darf er sich aber niemals damit identifizieren oder mit ihr übereinstimmen. Da ich, wie Sie mehr oder weniger wissen, von dieser Wahrheit überzeugt bin, habe ich in meiner Jugend hart an mir selbst gearbeitet, um solch einen Segen, der, wie ich glaube, vom Himmel vorbestimmt ist, zu erlangen; und nach enormen Anstrengungen und kontinuierlicher Ablehnung von fast allem, was das gewöhnliche Leben bietet, habe ich schließlich einen Zustand erreicht, in dem mich *nichts aus der Außenwelt innerlich wirklich berühren konnte;* und was das Spielen von Rollen betraf, habe ich mich selbst zu einer solchen Perfektion gebracht, wie es sich die gebildeten Leute des alten Babylon niemals für die Schauspieler auf der Bühne

geträumt hatten.«[8] Mit anderen Worten: »Ein Merkmal des vollendeten Menschen ist seine Fähigkeit, im äußeren Leben jede gewünschte Rolle vollkommen zu spielen, während er innerlich frei bleibt und sich nicht erlaubt, sich mit irgend etwas zu vermengen, das außerhalb von ihm vor sich geht.«[9]

»Jeder Mensch hat in seinem Charakter einen bestimmten Zug, der gewissermaßen sein Zentrum ausmacht. Er ist wie eine Achse, um die sich seine ganze ›falsche Persönlichkeit‹ dreht. Die persönliche Arbeit jedes Menschen muß darin bestehen, gegen diesen Hauptfehler anzukämpfen. Dies erklärt, warum es hier keine allgemeinen Regeln für die Arbeit geben kann und warum alle Systeme, die versuchen, solche Regeln zu entwickeln, entweder zu nichts führen oder Schaden verursachen. Wie könnte es hier auch allgemeine Regeln geben? Was dem einen nützt, schadet dem anderen. Der eine Mensch redet zuviel; er muß lernen zu schweigen. Ein anderer Mensch schweigt, wenn er reden sollte, und muß lernen zu reden. Und so ist es immer und mit allem . . .

Das Studium des Hauptfehlers und der Kampf dagegen stellen tatsächlich den individuellen Weg jedes Menschen dar, aber das Ziel muß für alle das gleiche sein. Dieses Ziel ist die Erkenntnis der eigenen Nichtigkeit. Nur wenn ein Mensch wirklich und wahrhaftig von seiner eigenen Hilflosigkeit und Nichtigkeit überzeugt ist, und nur wenn er dies dauernd fühlt, ist er so weit, zu den nächsten und viel schwierigeren Stufen der Arbeit übergehen zu können.«[10]

Das Ziel des Menschen muß es sein, die innere Freiheit zu gewinnen und Herr seiner selbst zu sein. Ohne Selbsterkenntnis kann ein Mensch nicht frei sein, kann er sich selbst nicht lenken und wird im-

mer sowohl äußerlich als auch innerlich ein Sklave bleiben und der Spielball der Kräfte sein, die auf ihn einwirken.
Das ist der Grund, warum in allen alten Lehren, die viel älter sind als die sokratische, die erste Forderung am Beginn des Weges zur Verwirklichung noch nicht entwickelter Möglichkeiten des Menschen war: *Erkenne dich selbst.* Diese sehr gute, aber vage und entfernte Forderung kann nur schrittweise verwirklicht werden.

Die Selbsterinnerung

Wir können tun, was wir wollen, solange wir uns an uns selbst erinnern.

P. D. Ouspensky

Wir denken immer nur an uns selbst und richten uns innerlich. Die falsche Persönlichkeit ist ständig mit sich selbst beschäftigt; sie ist davon hypnotisiert, wie sie behandelt wird. Je weniger wir uns mit uns selbst identifizieren, desto besser können wir uns selbst beobachten.
Jeder erfindet sich selbst. Diese Erfindung von uns selbst wird falsche Persönlichkeit genannt. Sie verleiht einem Menschen ein falsches Selbstgefühl, das als »imaginäres Ich« bezeichnet wird und ein Publikum braucht. Die falsche Persönlichkeit erwartet eine Gratifikation, welcher Art auch immer, von außen. Wirkliche Stärke ist jedoch in uns und hängt nicht von einem Publikum ab.
Das imaginäre »Ich« beruht auf der Einbildung, daß wir ein permanentes »Ich« besitzen, das sich immer bewußt und konsistent verhält; es gibt uns einen falschen, unrealistischen Sinn von Einheit.

Wenn wir unsere Abhängigkeit von den unabhängigen und unkoordinierten Verhaltenseinheiten oder Teilpersönlichkeiten erkannt haben, sind wir die Illusion eines einzigen und permanenten »Ichs« los, das wir unser Selbst heißen, von dem wir annehmen, daß es Herr jeder Situation ist. Wenn unser wirklicher innerer Zustand beobachtet und *akzeptiert* werden kann, wird es möglich, eine bewußte Kontrolle unserer Tätigkeiten auszuüben. Diese bewußte Kontrolle unserer Tätigkeiten erfolgt im Zustand der *Selbsterinnerung.*
Bei der *Selbstbeobachtung* wird die Aufmerksamkeit auf den beobachteten Gegenstand gerichtet (Abb. 2-2).

Bei der *Selbsterinnerung* wird die Aufmerksamkeit sowohl auf den beobachteten Gegenstand als auch auf sich selbst gerichtet. Das Problem bei der Selbsterinnerung besteht darin, die Aufmerksamkeit auf sich selbst zu richten, ohne die auf einen anderen Gegenstand gerichtete Aufmerksamkeit zu schwächen oder zu vernachlässigen (Abb. 2-3).

Die Selbsterinnerung gibt uns ein Gefühl des Abstandes von uns selbst, das heißt, einer distanzierten Betrachtung des Lebens und unserer Reaktionen auf die äußeren Ereignisse; dadurch, daß wir uns an unseren Wesenskern erinnern, fühlen wir, daß wir unser Leben selbst gestalten und daß wir nicht die Sklaven äußerer Umstände und Ereignisse oder der Meinungen der anderen zu sein brauchen.

Die Selbsterinnerung hebt uns aber nicht nur über uns selbst, sondern hält uns auch das Ziel der Arbeit an uns selbst vor Augen. Das Ziel der Arbeit an uns selbst ist nicht identisch mit den Zielen unseres äußeren Lebens. Lebensziele wie zum Beispiel unter Einhaltung bestimmter Randbedingungen möglichst viel Geld zu verdienen oder einen Titel zu erwerben, haben nichts mit dem Ziel der Arbeit an uns selbst zu tun. Zwischen beiden Arten von Zielen besteht kein Widerspruch, ja es kann sogar eine Verstärkung eintreten, wenn ein äußeres Ziel ein inneres Ziel unterstützt. Wenn mein Ziel darin besteht, eine Million Geldeinheiten innerhalb von zwei Jahren zu verdienen, weil dadurch eine gewisse innere Arbeit gefördert werden kann, und wenn dieser Sachverhalt authentisch ist, dann ist dieses offensichtliche äußere Ziel mit einem Ziel der Arbeit an mir selbst verbunden. Das wirkliche Ziel bezieht sich auf die innere Welt und auf die Art und Weise, wie wir in dieser die anderen und uns selbst behandeln.[11]

Beispiele für Ziele dieser Art, die im täglichen Leben verwirklicht werden können, sind: Nicht-Ausdrükken bestimmter negativer Emotionen wie Angst, Arroganz, Abneigung gegenüber bestimmten Personen usw., Arbeit an gewissen Hauptschwächen in uns, Nicht-Identifikation mit bestimmten Zuständen oder Tätigkeiten u. dgl. mehr. Wenn wir uns mitten im Leben an unser Ziel erinnern, erkennen wir unser mechanisches Verhalten und sehen auch Möglichkeiten, ihm zu entgehen.

Selbsterinnerung bedeutet, mit anderen Worten, daß wir unser gewöhnliches Selbst, unsere täglichen negativen Emotionen, die üblichen Formen des »Sich-innerlich-Richtens« usw. vergessen und fühlen, daß es darüber hinaus noch einen anderen Be-

wußtseinszustand mit einem wirklichen »Ich« gibt; Selbsterinnerung heißt, mit anderen Worten, sich an unseren Wesenskern und an unser Ziel erinnern.
Die Selbsterinnerung umfaßt zusammenfassend drei Faktoren: (1) den beobachteten Gegenstand der äußeren Welt, (2) meine wahrgenommenen Reaktionen darauf und (3) mich selbst und mein inneres Ziel.
Die Selbsterinnerung erhöht die Kraft des Bewußtseins; sie ist eine bewußte Anstrengung, die gleichzeitig nach innen und nach außen gerichtet ist.
Genau so wie der Schauspieler auf der Bühne, der von der Rolle, die er spielt, völlig absorbiert ist, plötzlich erkennt, daß er nur eine Rolle spielt und in Wirklichkeit ein ganz anderer ist, führt die Selbsterinnerung den Menschen zum »Erwachen«. Die wichtigste bewußte Anstrengung ist deshalb die Selbsterinnerung.
Wenn wir von den Ereignissen des Lebens hypnotisiert sind, wenn wir unser Ziel immer außerhalb von uns sehen, sind wir nicht imstande, uns von den Kräften des Lebens abzuschirmen und uns zu ändern. All die Absurditäten und Grausamkeiten des Lebens, die Unaufrichtigkeit und Falschheit, der eitle Ruhm, die Vorurteile und die Mißverständnisse lassen sich auf eine gemeinsame Ursache zurückführen, nämlich auf die Unfähigkeit des Menschen, sich an sich selbst zu erinnern.
Selbsterinnerung bedeutet abschließend, daß wir gleichzeitig sowohl nach innen als auch nach außen blicken. Wir beobachten, zum Beispiel, gleichzeitig eine dritte Person und unsere Reaktionen auf diese Person; wir »sehen« gleichzeitig die Eindrücke, die von dieser Person ausgehen und unsere eigenen Reaktionen. Wenn wir uns an uns selbst zu erinnern

versuchen, müssen wir uns auch an unser Ziel erinnern. Die innere Entwicklung des Menschen ist dann möglich, wenn er sich an sich selbst und sein Ziel erinnert.
Jeder Mensch sollte jederzeit wissen, welches sein – großes oder kleines – Ziel ist. Dies gibt seinem inneren Leben Struktur und Sinn.
Die Selbsterinnerung wird mit dem Auftauchen aus dem Meer und dem Luftholen verglichen. »Diese Luft«, so heißt es, »ist wunderbar und reicht einen ganzen Tag aus, auch wenn man auf dem Grund des Ozeans ist«.[12]
Einer der *Vorteile der Selbst-Erinnerung* ist, daß man im Leben weniger Fehler begeht. Selbst-Erinnerung wird nie zu einer Gewohnheit; sie ist immer das Ergebnis bewußter Arbeit; diese muß mit den kleinen Dingen im Leben beginnen und graduell gesteigert werden. Ein Augenblick der Selbst-Erinnerung ist ein Augenblick des Bewußtseins seiner selbst (irrtümlich als »Selbstbewußtsein« bezeichnet) – nicht im üblichen Sinne, sondern als Bewußtsein des wirklichen Selbst, des permanenten »Ich«.
Die Menschen sind heutzutage meist ausschließlich mit ihrem Bewußtsein identifiziert und bilden sich ein, nur das zu sein, was sie selber von sich wissen. »Jedermann, der auch nur eine Ahnung von Psychologie hat, kann sich leicht Rechenschaft darüber geben, wie beschränkt dieses Wissen ist. Rationalismus und Doktrinarismus sind unsere Zeitkrankheit; sie geben vor, alles zu wissen.[13]

[1] Vgl. hierzu A. KEYSERLING, *Geschichte der Denkstile*, a. a. O., S. 209.

[2] Die Selbstbeobachtung kann das wissenschaftliche Kriterium der Vergleichbarkeit nicht erfüllen. Deshalb wird sie z. B. von den Vertretern des Behaviorismus überhaupt verworfen. Sie bietet jedoch den einzigen direkten Zugang zu den Erlebnisvorgängen, die mit Wahrnehmung, Denken, Fühlen usw. verbunden sind.

[3] Vgl. J. VAYSSE, *Toward Awakening*, New York–Hagerstown–San Francisco–London 1979, S. 62.

[4] Die zweite, weniger bekannte, Inschrift im Tempel des Apollo zu Delphi lautete: »Medên agân«, die mit »In nichts zu viel« oder mit »Nicht in Extremen« übersetzt werden kann. Die Reihenfolge der beiden Inschriften deutet an, daß ein Mensch zuerst sich selbst kennen muß und er dann von Extremen fernbleiben soll; nachdem er sich selbst erkannt hat, weiß er, was für ihn Extreme sind. Zu wissen, was in einem ist, erfordert viele Jahre der Selbst-Erfahrung. Selbsterkenntnis setzt u. a. die Kenntnis und das Bewußtwerden der Gegensätze in einem voraus. Erst dann läßt sich die zweite Inschrift »In nichts zu viel« verstehen und anwenden.

[5] Vgl. hierzu P. D. OUSPENSKY, *Auf der Suche nach dem Wunderbaren*, a. a. O., S. 392 ff.

[6] P. D. OUSPENSKY, *Auf der Suche nach dem Wunderbaren*, a. a. O., S. 393.

[7] Zitiert aus C. S. NOTT, *Teachings of Gurdjieff. A Pupil's Journal.* 7. Aufl. London 1978, S. 114 Vgl. hierzu auch die Ausführungen über das »Sich-äußerlich-Richten« in Abschnitt 8.

[8] Zitiert aus C. S. NOTT, *Teachings of Gurdjieff. A Pupil's Journal*, a. a. O., S. 112 (Hervorhebung durch den Verfasser).

[9] Dieser Satz Gurdjieffs ist zitiert aus J. B. BENNETT, *Gurdjieff – Der Aufbau einer neuen Welt.* Freiburg im Breisgau 1978, S. 121.

[10] P. D. OUSPENSKY, *Auf der Suche nach dem Wunderbaren*, a. a. O., S. 33.

[11] Arbeit an sich selbst ist nicht als egoistische Beschäftigung mit sich selbst zu verstehen. Sie bedeutet eine Anstrengung nach drei Richtungen: Arbeit an sich selbst, Dienst am Nächsten und Weiterentwicklung des Wissens um die innere Entwicklung des Menschen.

[12] Zitiert aus M. NICOLL, *Psychological Commentaries on the Teaching of Gurdjieff & Ouspensky*, Band 1, a. a. O., S. 319.

[13] C. G. JUNG, *Erinnerungen, Träume, Gedanken*, a. a. O., S. 302.

3. Die Erkenntnis der Lage

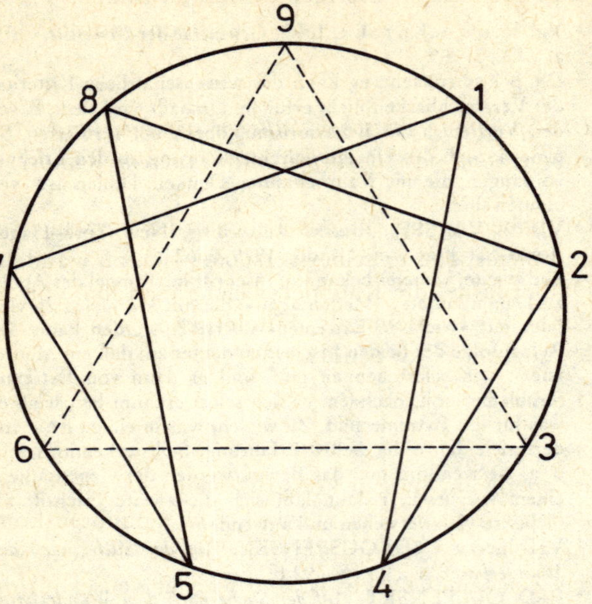

Bilderläuterung: 1 = Die Vielzahl der Verhaltenseinheiten in der Persönlichkeit des Menschen; 2 = Selbstbeobachtung und Selbsterinnerung; 3 = DIE ERKENNTNIS DER LAGE; 4 = Der Wesenskern des Menschen; 5 = Die Arbeit an sich selbst; 6 = *Die Erkenntnis des Gegensatzes;* 7 = Die Überwindung negativer Emotionen; 8 = Die Ablehnung der Identifikation; 9 = *Die Wandlung des Menschen*

- Die Spannung zwischen äußeren Erfolgen oder Mißerfolgen und dem Bedürfnis nach innerem Wandel
- Die Erfüllung echter Bedürfnisse
- Metanoia
- Die Kunst zu leben

Das Glück besteht darin, in dem zur Maßlosigkeit neigenden Leben das rechte Maß zu finden.

Leonardo da Vinci

Die Spannung zwischen äußeren Erfolgen und Mißerfolgen und dem Bedürfnis nach innerem Wandel

Grundbedingung für das Leben jedes einzelnen ist und bleibt, daß er selber versuche, sich zu wandeln. Daß er lerne, die Knüppel, welche man ihm vor die Füße wirft, nicht als Hindernisse, sondern als Sprungbretter zu benützen.

J. Gebser

Jeder, der in seinem konstruktiven und expansiven Leben voranschreitet, wird zu Krisenpunkten kommen, wo er sich ernsthafter als bisher überlegt, was das Ziel seines Lebens ist und wieviel Zeit er für die Arbeit an sich selbst und an seiner inneren Entwicklung benötigt. Der römische Sklaven-Philosoph Epiktet sagte: »Suche nicht die Arbeit an einem Platz und deinen Fortschritt an einem anderen.« Es kann deshalb eine natürliche Spannung auftreten zwischen dem äußeren Erfolg und dem tieferen Bedürfnis nach einem inneren Wandel. Die Intensität dieser Spannung ändert sich im Laufe der Zeit; sie läßt in schwierigen Situationen nach und verstärkt sich in Perioden andauernder äußerer Erfolge; sie kann sich aber auch in Zeiten verstärken, in denen durch äußere Ereignisse die Grundlagen der Persönlichkeit eines Menschen erschüttert werden. Man muß eine Krise erlebt haben, um ihr gewachsen zu sein. Diese Art von innerer Krise, von der hier die Rede ist, hat ihren Ursprung in tiefen Regionen des Herzens und führt zu diesen und ähnlichen Fragen:

(1) Stimmt die Suche nach einem Sinn des Lebens notwendig mit der Anpassungsstruktur an die äußere Welt überein? Wenn nicht, welches Ausmaß an Destabilisierung seiner äußeren Welt sollte zugunsten höherer Möglichkeiten in Kauf genommen werden?

(2) Wenn die innere Entwicklung auf eine angemessene Weise im Rahmen einer erfolgreichen äußeren Lebensanpassung erfolgen kann, warum ist sie dann nicht bereits eingetreten? Ist die äußere Lebensanpassung kein Hindernis für die beabsichtigte innere Entwicklung, was ist dann das Hindernis?

Diese beiden Fragen, die nicht die einzigen sind, berühren zwei kritische Punkte und sprechen zwei unterschiedliche Typen von Menschen an:

(1) Die Menschen, die glauben, daß die Aufgabe ihrer normalen Verpflichtungen und Verantwortlichkeiten die Lösung der Probleme ihrer inneren Entwicklung darstellt, überschätzen in der Regel ihre eigenen Bedürfnisse und/oder den Wert eines solchen Abenteuers. Sie neigen, mit anderen Worten, zu verantwortungslosen Menschen zu werden, die nicht bereit sind, ihre Pflichten in der äußeren Welt zu erfüllen. Sie können in ihrer inneren Entwicklung deshalb nicht erfolgreich sein, weil sie *sich selbst* zu einem höheren Leben bringen wollen und *sie selbst* das Hindernis für ein höheres Leben sind. Aufgrund von Faulheit und Charakterschwäche projizieren sie ihre Probleme nach außen statt den Kontakt mit den eigenen Problemen zu suchen.

(2) Die Menschen, die an ihrem gewöhnlichen, täglichen Leben hängen und eine rationale Begründung für die Fortsetzung ihrer oberflächlichen Tätigkeiten und äußeren Erfolge suchen, verschleiern da-

durch ihr tieferes Potential. Die Erweckung dieses tieferen Potentials bedarf häufig eines dramatischen Durchbruchs oder Schocks in Form eines äußeren Ereignisses, einer Reise irgendwohin oder einer Konfrontation mit jemandem in einer fernen Umwelt über eine gewisse Zeitdauer; nach der Erzielung dieses inneren Durchbruchs kann die Struktur der äußeren Verantwortlichkeiten wieder hergestellt werden.

Zur ersten Gruppe zählen »unterangepaßte«, zur zweiten Gruppe »überangepaßte« Menschen (Abb. 3-1).

Anpassung an die äußere Welt	stark	Eitelkeit und Egoismus ("überangepaßter Mensch")	Professionelle Aufgabenerfüllung und inneres Wachstum
	gering	Faulheit und Verantwortungslosigkeit	Flucht vor der Verantwortung ("unterangepaßter Mensch")
		wenig	viel
		Arbeit an sich selbst	

Abb. 3-1: Anpassung an die äußere Welt und/oder Arbeit an sich selbst

Es gilt, mit der gewählten Arbeit nicht nur seinen Lebensunterhalt zu verdienen, und seinen Beruf professionell und selbstlos zu erfüllen, sondern darüber hinaus jede Arbeit in der äußeren Welt als Arbeit an sich selbst zu benutzen. »Die Klärung der wirtschaftlichen Probleme ist die Voraussetzung, aber der Dienst am Mitmenschen ist der Weg.«[1]

Als Grundgesetz im äußeren Leben gilt, um mit H. Keyserling zu reden, überall das Gebot, sich nicht in fremde Angelegenheiten einzumischen.

Viel Frieden könnten wir nach Thomas von Kempen haben, wollten wir uns nicht mit den Worten und Taten anderer und Dingen, die uns nichts angehen, beschäftigen; wer sich weder um Lob noch um Tadel kümmert, der hat die große Ruhe des Herzens.

Die Erfüllung echter Bedürfnisse

Dein Tun sei von dir, nicht von den Geschehnissen geleitet.

Bhagavadgita

Die Arbeit an uns selbst kann erst beginnen, wenn wir in unserem Leben eine bestimmte Stufe erreicht und ein bestimmtes Ausmaß an Lebenserfahrungen gesammelt haben. Wer mit sich selbst zufrieden ist, wird schwerlich die Bedeutung der Selbst-Änderung verstehen. Sie ist für Menschen, die im Leben auf effiziente Weise tun, was notwendig ist, jedoch nicht an das Leben glauben und auch nicht glauben, daß es irgendwohin führt.[2]

Sie wissen, daß ihr Tun sinnlos ist, und dennoch handeln sie so, als wüßten sie es nicht. Das ist *kontrollierte Torheit.* Sie wissen, daß ihr Leben nirgendwo hinführt und es ohnehin gar zu bald enden wird. Alles, was sie tun, führen sie mit höchstem Einsatz, größter Professionalität und absolutem Selbstvertrauen aus; wenn man sie anschaut, dann sind sie wie alle effizienten Menschen, nur daß sie die Torheit ihres Lebens unter Kontrolle haben.[3]

Die schwierigste Herausforderung für viele Menschen ist, daß sie nicht wissen, was sie mit ihrem Leben anfangen sollen. Viele fühlen sich zu einer dienenden Tätigkeit berufen, sind sich jedoch nicht im klaren, was für einen Dienst sie der Menschheit leisten können. Dabei kann folgende Überlegung hilfreich sein: Wenn wir echte Befürfnisse erfüllen und weder irgendeinem Menschen noch unserer Umwelt einen Schaden zufügen, können wir uns jeder Tätigkeit widmen, die uns im Moment nützlich erscheint. Wichtig sollte dabei sein, daß ein echtes Bedürfnis erfüllt wird oder etwas für das Wohl dieses Planeten getan wird. Wenn wir es dann noch als unsere Pflicht betrachten, das allgemeine Bewußtsein zu erhöhen, wird unser Tun nie selbstsüchtig oder in irgendeiner Weise schädlich sein. Wenn man auf die Früchte seiner Arbeit verzichtet, kann man sehr aktiv sein, ohne in der Zufriedenheit über das Erreichte stecken zu bleiben.

Alles, was wir tun, sollten wir so gut wie möglich tun, mit äußerstem Einsatz unserer Fähigkeiten, jedoch ohne wie Maschinen zu arbeiten. Auf diese Weise bietet uns unsere Tätigkeit Gelegenheit zu persönlichem Wachstum. Ohne Herausforderung gibt es wenig Möglichkeit zur Entfaltung.

Vor allem aber müssen wir »allen Menschen gleiche Höflichkeit erweisen, gleichviel ob sie reich sind oder arm, Freunde oder Feinde, Machthaber oder Sklaven, welcher Religion sie auch angehören mögen; dabei aber innerlich frei bleiben und niemals jemandem oder etwas zu sehr trauen«.[4] Wir müssen, mit anderen Worten, alle Menschen ernst nehmen. »Alles Vertrauen zu Eltern, Erziehern und Vorgesetzten, gründet in dem Gefühl, von diesen ernst genommen zu werden. Das ist der Schlüssel für das Geheimnis, daß ein Lehrer im Unterschied zu einem anderen beliebt ist, daß Studenten an einem Dozenten hängen, daß ein ›Chef‹ ein persönliches Verhältnis zu seinen Untergebenen hat.«[5]

Weitverbreitete Fehler sind, daß man zuläßt, das Opfer von Umständen zu sein, sich von anderen benützen oder durch die Umstände sein Handeln bestimmen zu lassen. Wir müssen immer nachdenken, ob unser Handeln zielgerichtet ist.

Unsere Selbstverantwortung darf nicht am äußeren Geschehen hängen bleiben, sondern muß dieses immer als Anregung und Aufforderung zu innerem Wandel nehmen. Diese Geisteshaltung muß sich im Alltag bewähren, sich in unseren alltäglichen Handlungen ausdrücken und uns und unsere Umwelt verändern. Wenn jemand den Weg zur Selbstveränderung gehen will, muß er nicht nur mit seinen eigenen Problemen, sondern auch noch mit jenen Schwierigkeiten fertigwerden, die ihm durch seine Veränderung in der Außenwelt erwachsen. Er muß seinen Weg aktiv beschreiten, hineinbahnen in eine Welt, die nach anderen Grundsätzen lebt. Er muß aber auch begreifen, daß er mit dem, was er tut, mit seinen Erfahrungen, mit den Maßstäben, die seine Orientierung sind, antworten kann und soll auf die Probleme, denen sich heute die Gesellschaften in allen Teilen der Welt gegenüber sehen.

Wir sind aufgerufen, Spiritualität in den Alltag zu bringen. Die äußere Position im Leben spielt dabei keine Rolle; wichtig ist allein, was wir daraus machen.

Metanoia

Worauf des Menschen Sinn gerichtet ist, das bestimmt seinen Wert.

Arabisches Sprichwort

Das Leben ist ein kontinuierlicher Prozeß a) der Transzendierung der Vielzahl der Teilpersönlichkeiten, aus denen wir bestehen, und b) der Kristallisierung eines permanenten Wesenskerns. Wir können niemals genau so bleiben, wie wir sind, ohne dafür einen Preis zu bezahlen. Der Preis für ein inneres »Null-Wachstum« ist ein schrumpfender Wesenskern. Der einzige Weg, um eine innere Entfaltung zu vermeiden, besteht darin, den Herausforderungen auszuweichen, mit denen wir im Leben konfrontiert werden. Die Herausforderungen lassen sich nur dadurch vermeiden, daß aus unserem Bewußtsein das Bedürfnis oder der Aspekt unserer Persönlichkeit verdrängt wird, der herausgefordert wird. Diese Art von Verdrängung wird psychologische Verteidigung genannt[6]; sie kann uns vor Gefühlen des Versagens bewahren, ist aber immer mit einer Abnahme unseres Bewußtseins verbunden.
Die Stärke einer Herausforderung nimmt in dem Ausmaß zu, in dem sie uns in unseren stärksten Beweggründen trifft. Die Herausforderung, in einem Wettkampf gegen einen Olympia-Sieger anzutreten, kann leicht ignoriert werden, wenn wir diese Sportart nur als Freizeitübung betreiben. Wir sind

dagegen leicht verletzbar, wenn wir feststellen, daß wir als Vater oder Mutter, als Fachleute oder Führungskräfte versagen, da diese Rollen eng mit starken Beweggründen und hohen Zielen verknüpft sind. Die Feststellung, daß wir zum Beispiel als Führungskräfte nicht unsere Aufgaben wirksam und effizient erfüllen, oder unser Lebensziel, so wie wir leben, nicht erreichen werden, ist eine Herausforderung zum Wandel.

Das Ergebnis des Ausweichens vor Herausforderungen ist eine innere und äußere Welt, die schrumpft und immer kleiner wird.

Metanoia oder *Sinnesänderung* bedeutet nach M. Nicoll, unsere Art zu ändern, über uns selbst, über die anderen, über die äußeren Ereignisse zu denken. Der Sinn der Dinge, Ereignisse, Situationen usw. ändert sich dadurch für uns. Dieser neue Weg zu denken führt zur Entwicklung eines neuen Verständnisses über die Bedeutung des Lebens im allgemeinen und unseres Lebens im besonderen. Dies kann unser tägliches Leben verändern.

Leben heißt, sich verändern, und um das Leben meistern zu können, muß man immer wieder bereit sein, sich zu ändern und von vorne anzufangen. Da wir viele Situationen unseres Lebens nicht ändern können, müssen wir unsere *innere Einstellung* dazu ändern. »Dem Frierenden ist der Wind kalt, dem Nichtfrierenden nicht«, sagt Protagoras; »nicht wie der Wind weht ist maßgebend, sondern wie wir die Segel setzen«.

Sein Leben ändern heißt nicht, äußere Umstände ändern; es bedeutet, unsere Reaktionen ändern. Wir können das Leben nicht ändern, wohl aber uns selbst in unseren Reaktionen auf das Leben. Wir weichen aber häufig dieser Tatsache aus und schieben die Verantwortung den Regierungen, Ideologien, Unternehmungsleitungen usw. zu. Ehe wir uns nicht ändern, wird sich auch die äußere Welt nicht ändern.

Wenn wir in kleinen, begrenzten und mechanischen Verhaltenseinheiten oder »Ichs« leben, stellt das unsere Bewußtseinsebene dar. Wenn wir uns auf diese unbedeutenden »Ichs« konzentrieren, die sich auf die kleinen Gegebenheiten unseres täglichen Lebens, auf unsere kleinen Eitelkeiten, Wünsche usw. beziehen, werden wir unfähig, uns neuen Ideen und Möglichkeiten der inneren Entwicklung zu öffnen. Wenn wir anders sein und uns ändern wollen, müssen wir unseren Ausblick und unsere Art, zu denken, ändern. Solange sich unser Sein nicht ändert, werden wir immer dasselbe Leben anziehen. Ein neues Leben ist nur durch Arbeit an uns selbst möglich, weil wir dadurch unser Sein ändern. »Wenn du ein Dummkopf bleibst«, sagte einmal Gurdjieff, »wirst du immer all das anziehen, das zu einem Dummkopf gehört.[7] Der Weg, unser Bewußtsein zu erhöhen, verläuft von der falschen Persönlichkeit über das Wachstum des Wesenskerns zur Ausbildung eines wirklichen, unveränderlichen »Ichs« (Abb. 3-2). Dieser Weg muß im alltäglichen Leben gegangen werden. Die entscheidende Frage lautet: Ist dieser Weg im äußeren Leben ein Weg mit Herz? Ist er ein Weg mit Herz, ist der Weg gut; wenn er es nicht ist, ist er nutzlos. Beide Wege sind im Grunde gleich: Sie führen nirgendwohin; aber einer ist der des Herzens, und der andere ist es nicht. Auf einem ist die Reise voller Freude, und macht den Menschen stark. Der andere dagegen läßt einen Menschen sein Leben verfluchen und macht ihn schwach.[8]

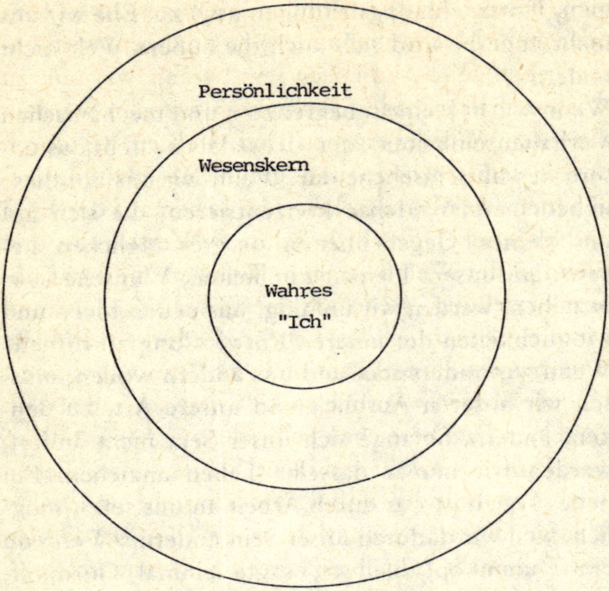

Abb. 3-2: Persönlichkeit, Wesenskern u. wahres »Ich«

Die Kunst zu leben

Vernünftiges Tun ist dies, daß man zur Zeit kein besseres Ding als eben dieses eine tun kann.

Meister Eckehart

Was ist der Sinn, was ist die Bedeutung des Lebens auf der Erde im allgemeinen und des menschlichen Lebens im besonderen? Wenn wir für nichts anderes erzogen werden, als Auszeichnungen zu bekommen, bessere Arbeit zu finden, tüchtiger zu werden oder mehr Macht über andere zu erlangen, wird unser Leben seicht und leer sein. Wenn wir nur zu Wissenschaftern oder Technikern erzogen werden, die ihrem Wissen ergeben sind, werden wir durch unsere selbstsüchtige und gefühllose Haltung gegenüber den Mitmenschen dem Leben auf der Erde und gegenüber der Erde selbst zu Zerstörung und Elend in der Welt beitragen. Welchen Wert hat unsere Erziehung, wenn wir niemals die höhere und weitere Bedeutung des Lebens entdecken und die eingangs erwähnte Frage nicht zu beantworten versuchen. Mögen wir noch so kultiviert sein oder es in einzelnen Fachbereichen zu noch so hoher Effizienz und Professionalität gebracht haben, unser Leben wird unvollständig, voller Widersprüche und unbefriedigend sein, wenn sich unser Denken, Fühlen und Tun nicht zu einem Ganzen zusammenschließt. Die Erziehung gewinnt einen Sinn erst dann, wenn sie einen geschlossenen Ausblick auf das Leben fördert.[9]

Die Kunst zu leben besteht darin, die Sache zu finden, der man dienen will, sowie die Tätigkeiten zu entdecken, die im Einklang mit unserem Gewissen stehen und die wir gut ausführen können, und eine Situation zu schaffen, in der wir sie auch gut ausführen können. Mit fortschreitendem Alter wird es zunehmend wichtiger, die Tätigkeiten zu entdekken, die wir noch gut tun können, und eine Situation zu schaffen, in der wir sie auch gut ausführen können. In jeder Lebenslage müssen wir unser eigenes Potential neu entdecken und die Entscheidung treffen, unser Leben im Einklang mit unseren wirklichen Fähigkeiten im Hinblick auf die Erreichung einer höheren Seinsebene zu leben.[10] An erster Stelle ist nach H. Keyserling die Frage zu stellen, ob unsere Arbeit im äußeren Leben im übergeordneten System sinnvoll und an richtiger Stelle eingegliedert ist.

Es gilt zu entscheiden, welche Bereiche wir einengen, welche wir halten oder welche wir dagegen ausbauen sollen.[11]

Nur in bewußter Trennung von *absichtlichem Leiden* – der dauernden Übung der Selbstüberwindung im Aufsuchen von Schwierigkeiten im Gegensatz zur heutigen Kultur des Sichleichtmachens – und *bewußter Arbeit* kann der Mensch eine innere Spannung erzeugen und nach A. Keyserling aus der Welt des Scheins in die wahre Wirklichkeit aufsteigen. Jeder Mensch kann realisieren, daß seine Bewußtseinslage nicht der Wirklichkeit entspricht. daß er in seinem durchschnittlichen Zustand in gleichem Maße von äußeren Einflüßen abhängt wie eine kybernetische Maschine. Daher hat die Aufgabe, diesen Zustand zu verwandeln, vor allen anderen Anliegen zu treten. Sinnvolles Leben setzt deshalb voraus, daß das Bewußtsein eine Ebene erreicht, in der die Lebensgleichung überhaupt lösbar wird.[12] Die Erweckung des Bewußtseins im Einklang mit dem Gewissen kann als Aufgabe der Zukunft angesehen werden. Durch Arbeit an sich selbst kann der Mensch die neue Bewußtseinslage erreichen, in der allein er der technischen Zivilisation gewachsen ist. Wir müssen abschließend lernen, die Früchte unseres Denkens, Tuns und Fühlens zu ernten, wenn die Zeit der Ernte da ist.
Es gibt eine Zeit, Ziele zu verwirklichen, und es gibt eine Zeit für Entsagung. Das Leben, das die meisten von uns führen, sagt I. Khan, ist nichts anderes als ein gedankenloses Vergeuden menschlicher Initiative und menschlicher Kraft.

»Arbeitet wie der ›Meister‹ und nicht wie der ›Sklave‹; arbeitet unaufhörlich und verrichtet dennoch nicht Sklavenarbeit! Seht ihr denn nicht, wie sie alle arbeiten? Niemand findet dabei die innere Ruhe. Nahezu die gesamte Menschheit plagt sich wie ein Sklave ... Denn das alles ist Arbeit aus Eigennutz. Arbeitet aus Freiheit! Arbeitet aus Liebe! Das Wort Liebe muß hier im rechten Sinne verstanden werden. Liebe kann dort nicht blühen, wo keine Freiheit ist. Im Sklavenstand ist keine wahre Liebe zur Arbeit möglich. Wenn ihr einen Sklaven kauft, ihm Ketten anlegt und ihn arbeiten heißt, dann schafft er wohl wie ein Packesel, aber Liebe ist nicht in ihm. Und ebensowenig kann Liebe in uns sein, wenn wir als Sklaven für die Werte dieser Welt arbeiten ... Selbstsüchtige Arbeit bleibt Sklavenwerk. Doch jede freie Liebestat bringt Glück. Es gibt keine Tat der Liebe, die nicht in dem, der sie tut, Frieden und Seligkeit hervorriefe ...

Wahres Sein, wahres Wissen und wahre Liebe sind auf ewig miteinander verknüpft und bilden eine Einheit.«[13] Vivekananda setzt fort: »Fordert ihr von euren Kindern zurück, was ihr ihnen gegeben habt? Es ist eure Pflicht für sie zu arbeiten, und Pflicht hat nichts zu fordern. Was immer ihr für einen Menschen tut, für eine Stadt, für einen Staat, habt dazu stets die gleiche Einstellung wie zu dem Wirken für eure Kinder. Erwartet nichts zurück. Wenn ihr unbeirrbar die Haltung des Gebenden wahrt, wobei alles, was durch euch gegeben wird, ein freiwilliges, ohne den Gedanken an Gegenleistung dargebrachtes Opfer an die Welt ist, dann zieht euer Wirken keine Bindung nach sich. Bindung besteht nur da, wo Gegenleistung erwartet wird.«[14] Dadurch daß wir anderen helfen, helfen wir uns selbst.

Anmerkungen:

[1] KEYSERLING, A. u. W., *Kriterien der Offenbarung,* a. a. O., S. 34.

[2] Vgl. hierzu M. NICOLL, *Psychological Commentaries on the Teaching of Gurdjieff & Ouspensky,* a. a. O., Band 2, S. 680 ff.

[3] Vgl. hierzu C. CASTANEDA, *Eine andere Wirklichkeit. Neue Gespräche mit Don Juan.* Frankfurt am Main 1977, S. 68 ff.

[4] G. I. GURDJIEFF, *Begegnungen mit bemerkenswerten Menschen.* Freiburg im Breisgau 1978, S. 56.

[5] K. DÜRKHEIM, *Durchbruch zum Wesen,* a. a. O., S. 101.

[6] Vgl. hierzu R. WRENN und R. MENCKE, *Being. A Psychology of Self.* Chicago 1975, S. 83 ff.

[7] Zitiert aus M. NICOLL, *Psychological Commentaries on the Teaching of Gurdjieff & Ouspensky,* Band 3, a. a. O., S. 1057.

[8] Vgl. hierzu C. CASTANEDA, *Die Lehren des Don Juan. Ein Yaqui-Weg des Wissens.* Frankfurt am Main 1978, S. 88.

[9] Vgl. hierzu J. KRISHNAMURTI, *Autorität und Erziehung,* Bern, o. J., S. 9ff.

[10] Vgl. hierzu die Ausführungen im Abschnitt 9.

[11] Die Verteilung unserer Energie und Zeit auf die einzelnen Tätigkeitsbereiche kann nach Gesichtspunkten erfolgen, die sich an der in der Managementlehre entwickelten Portfolio-Methodik orientieren.

[12] Vgl. A. KEYSERLING, *Geschichte der Denkstile,* a. a. O., S. 388

[13] S. VIVEKANANDA, *Karma-Yoga und Bhakti-Yoga,* Zürich–Stuttgart 1968, S. 48–49.

[14] S. VIVEKANANDA, *Karma-Yoga und Bhakti-Yoga,* a. a. O., S. 51–52.

4. Der Wesenskern des Menschen

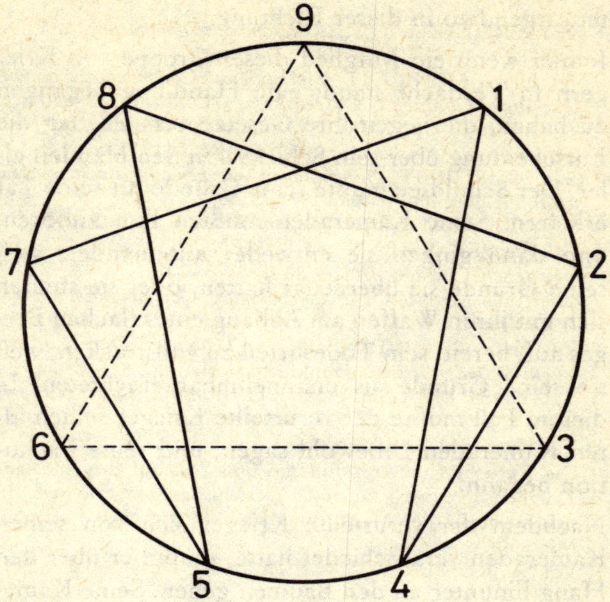

Bilderläuterung: 1 = Die Vielzahl der Verhaltenseinheiten in der Persönlichkeit des Menschen; 2 = Selbstbeobachtung und Selbsterinnerung; 3 = *Die Erkenntnis der Lage;* 4 = DER WESENSKERN DES MENSCHEN; 5 = Die Arbeit an sich selbst; 6 = *Die Erkenntnis des Gegensatzes;* 7 = Die Überwindung negativer Emotionen; 8 = Die Ablehnung der Identifikation; 9 = *Die Wandlung des Menschen*

- Die Unterscheidung von Wesenskern und Persönlichkeit
- Individuelle Evolution als Wachstum des Wesenskerns
- Die Entwicklung des Wesenskerns

Ich will auch euch die Geschichte einer Gruppe von Kriegern erzählen, die vor Zeiten in den Bergen lebten, irgendwo in dieser Richtung.

Immer wenn ein Mitglied dieser Gruppe von Kriegern in Verdacht stand, eine Handlung begangen zu haben, die gegen ihre Gesetze verstieß, lag die Entscheidung über sein Schicksal in den Händen aller. Der Schuldige mußte seine Gründe für seine Tat erklären. Seine Kameraden mußten ihm zuhören, und dann gingen sie entweder auseinander, weil seine Gründe sie überzeugt hatten, oder sie stellten sich mit ihren Waffen am Abhang eines flachen Berges auf, bereit, sein Todesurteil zu vollstrecken, weil sie seine Gründe als unannehmbar erachteten. In diesem Fall mußte der verurteilte Krieger seinen alten Kameraden Lebewohl sagen, und seine Exekution begann.

Nachdem der verurteilte Krieger sich von seinen Kameraden verabschiedet hatte, mußte er über den Hang hinunter zu den Bäumen gehen. Seine Kameraden brachten ihre Waffen in Anschlag und zielten auf ihn. Falls keiner von ihnen schoß oder falls der Krieger seine Verletzungen überlebte und den Waldrand erreichte, war er frei.

Man sagt, daß es Männer gab, die unverletzt davonkamen. Nehmen wir an, ihre persönliche Kraft tat ihre Wirkung auf die Kameraden. Eine Welle erfaßte sie, während sie auf ihn zielten, und keiner wagte es, seine Waffe zu gebrauchen. Oder vielleicht erfüllte seine Tapferkeit sie mit Ehrfurcht, und sie konnten ihm nichts antun.

Es galt auch eine besondere Regel für diesen Gang zum Waldrand hinab. Der Krieger mußte ruhig und gleichmütig gehen. Sein Schritt mußte sicher und fest sein, sein Blick friedlich geradeaus. Er mußte

hinabgehen, ohne zu stolpern, ohne sich umzudrehen und vor allem ohne zu rennen.
Ihr seht, die menschliche Zeit des Kriegers war abgelaufen, und eure auch. Der einzige Unterschied ist, wer auf euch zielt. Die auf den Krieger zielten, das waren seine Kriegskameraden. Aber was auf euch zielt, das ist das Unbekannte. Eure einzige Chance ist eure Makellosigkeit. Ihr müßt warten, ohne Belohnung zu erwarten. Und ihr müßt all eure persönliche Kraft auf die Erfüllung eurer Aufgaben wenden.
Wenn ihr nicht makellos handelt, wenn ihr euch auflehnt und anfangt, ungeduldig zu werden und zu verzweifeln, dann werdet ihr von den Scharfschützen aus dem Unbekannten erbarmungslos niedergemacht.
Wenn hingegen eure Makellosigkeit und eure persönliche Kraft dazu angetan sind, daß ihr eure Aufgaben erfüllen könnt, werdet ihr das Versprechen der Kraft gewinnen.
Ihr habt gelernt, daß es das Rückgrat eines Kriegers ist, bescheiden und tüchtig zu sein. Ihr habt gelernt, zu handeln, ohne etwas dafür zu erwarten.
Ein Krieger muß immer bereit sein.

C. Castaneda

Die Unterscheidung von Persönlichkeit und Wesenskern

Nur was du gibst, ist wahrhaft dein; was du behältst, das ist verloren.

S. Rustaweli

»Jeder von uns«, sagt Gurdjieff, »besteht aus zwei Menschen – Wesen und Persönlichkeit. Wesen ist all das, womit wir geboren werden: Vererbung, Typ, Charakter, Natur; das Wesen ist der wirkliche Teil von uns. Das Wesen ändert sich nicht. Ich, zum Beispiel, habe eine dunkle Haut, die zu meinem Typ gehört; sie ist Teil meines Wesens. Die Persönlichkeit ist ein zufälliges Ding, das wir zu erwerben beginnen, sobald wir geboren sind; sie ist durch unsere Umgebung, durch äußere Einflüsse, durch Erziehung usw. bestimmt; sie gleicht einem Kleid, das wir tragen, einer Maske, einem zufälligen Ding, das sich mit wechselnden Umständen ändert. Sie ist der falsche Teil des Menschen; und sie kann künstlich oder zufällig geändert werden – in wenigen Minuten durch Hypnose oder eine Droge. Ein Mensch mit einer ›starken Persönlichkeit‹ kann das Wesen eines Kindes haben, verdeckt durch die Persönlichkeit.

Wenn wir von innerer Entwicklung und innerem Wandel sprechen, sprechen wir vom *Wachstum des Wesens.* Das Problem besteht nicht darin, etwas Neues zu erwerben, sondern das rückzugewinnen und zu rekonstruieren, was verloren gegangen ist. Dies ist der Zweck der Entwicklung. Wenn wir gelernt haben, die Persönlichkeit vom Wesen zu unterscheiden und beide zu trennen, werden wir verstehen, was geändert werden muß. (...) Zeit und Arbeit sind notwendig, um die Gewohnheiten von Jahren zu brechen, und später wird es möglich sein, gewisse Gewohnheiten durch andere zu ersetzen. Der Mensch hängt von Äußerlichkeiten ab, aber Äußerlichkeiten sind in sich harmlos, und wir müssen lernen, Einflüsse, die unsere Entwicklung behindern, durch solche zu ersetzen, die sie fördern.«[1]

Das Wesen ist die Wahrheit über sich selbst im Gegensatz zu gesellschaftlichen und erwarteten Meinungen über sich selbst und unabhängig von Zeit,

Ort und den Gefühlen der Mitmenschen. Die Persönlichkeit, dagegen, ist die Wahrheit vor den Menschen – vor der äußeren Welt, konditioniert durch die Frage: »Was werden die Leute denken?«.
Hinsichtlich dessen, was jemand in der Vorstellung anderer ist, wie er von ihnen vorgestellt wird, sagt Schopenhauer: »Dieses, also unser Dasein in der Meinung anderer, wird, infolge einer besonderen Schwäche unserer Natur, durchgängig viel zu hoch angeschlagen; obgleich schon die leichteste Besinnung lehren könnte, daß es, an sich selbst, für unser Glück unwesentlich ist . . . Demnach wird eine richtige Abschätzung des Wertes dessen, was man in und *für sich* selbst ist, gegen das, was man bloß in den Augen *anderer* ist, zu unserem Glück viel beitragen.[3]
Schopenhauer setzt fort: »Es wird zu unserem Glücke beitragen, wenn wir beizeiten die simple Einsicht erlangen, daß jeder zunächst und wirklich in seiner eigenen Haut lebt, nicht aber in der Meinung anderer, und daß demnach unser realer und persönlicher Zustand, wie er durch Gesundheit, Temperament, Fähigkeiten, Einkommen, Weib, Kind, Freunde, Wohnort usw. bestimmt wird, für unser Glück hundertmal wichtiger ist, als was es andern beliebt, aus uns zu machen. Der entgegengesetzte Wahn macht unglücklich.«[4] Denn nicht die Dinge selbst beunruhigen die Menschen, sondern, wie Epiktet sagt, die Vorstellungen von den Dingen. Wir sollten ein Gefühl dafür bekommen, daß es gleichgültig ist, ob unsere Persönlichkeit jemandem imponiert oder nicht; das heißt innerlich frei sein. Wer keine Ichposition verteidigt, bietet, wie K. Dürkheim sagt, dem Angreifer kein Ziel und wer selbst nicht streitet, mit dem kann nach Laotse niemand in der Welt streiten.

Mensch, werde wesentlich: denn wann die Welt vergeht, so fällt der Zufall weg; das Wesen, das besteht.

Angelus Silesius

Es gibt nur *individuelle Evolution* durch bewußte Anstrengung; sie ist abhängig vom Wachstum des Wesenskerns. Wahrer innerer Wandel ist Wachstum des Wesenskerns.

Wirklicher Fortschritt läßt sich nur auf der Ebene des Individuums erzielen. Gruppenarbeit ist nur in dem Sinn wertvoll, daß sie dem einzelnen hilft, auf dem Weg der eigenen Selbstentwicklung weiter zu kommen; über die anderen lassen sich häufig unsere individuellen Gewohnheiten und sich wiederholenden Verhaltensweisen besser beobachten als wir es allein tun können. Die Mitmenschen werden zu Spiegeln für uns und wir zu Spiegeln für sie.

Das Erreichen eines wahren, unveränderlichen Ich als Wesenskern ist nach A. Keyserling nicht Erbrecht oder Naturnotwendigkeit, sondern das höchste Ziel der menschlichen Existenz. Das Fehlen der Einheit in einem Menschen ist die Quelle aller seiner Schwierigkeiten und Probleme.

Das Wesen (gr. ousia = Sein) ist der *»innerste Kern unserer Existenz,* in dem wir teilhaben an der Wirklichkeit jenes größeren göttlichen Lebens, das unser kleines zwischen Geburt und Tod ablaufende Leben von Grund auf bestimmt und übergreift«.[6] Der innerste Kern unserer Existenz ist das, was Schicksalsschläge, härteste Erfahrungen und Widerlichkeiten des Lebens nicht zu zerschlagen vermögen.

Die Kenntnis, zum Beispiel der Methoden der strategischen Unternehmungsführung oder der Spielregeln des Wettbewerbs auf den Weltmärkten, entwickelt die Persönlichkeit, nicht aber den Wesenskern eines Menschen. Solange der Mensch an der Oberfläche bleibt, kann er zu seinem echten Wesenskern nicht durchdringen. »Nur jener, der sich dem Leben wie im Kampfe stellt, kann letzlich zu seinem Wesen durchstoßen.«[3] Wenn der Mensch nicht ewig an der Oberfläche bleiben will, muß er zu seinem Wesenskern durchstoßen.

Derjenige, der von Selbstliebe erfüllt, niemals seine eigene Wichtigkeit in Frage stellt, wird sich nicht in Richtung eines Wachstums des Wesenskerns bewegen. Wir müssen immer wieder durch Selbstbeobachtung feststellen, was wir wirklich sind; wir müssen erkennen, wie wir durch die Idee unserer Bedeutung und unserer Ausstrahlung, durch unsere Selbsteinschätzung und höfliche Überlegenheit, durch innere Gleichgültigkeit und Selbstrechtfertigung, mit anderen Worten, durch unser imaginäres Ich, gelenkt werden. Vor allem müssen wir beobachten, wie wir uns selbst rechtfertigen. Wenn wir beobachten, welche Ergebnisse das auf uns hat, was wir beobachten, erheben wir in unser Bewußtsein, womit wir uns sonst identifiziert hätten; denn mit dem, was wir durch innere Trennung beobachten, identifizieren wir uns nicht.

Mit Hilfe der Selbstbeobachtung und Selbsterinnerung können wir zwischen dem unterscheiden, was zum Wesen gehört, und dem, was zur Persönlichkeit gehört. Die Persönlichkeit kann den Wesenskern nicht kontrollieren. Sie kann nur den Weg vorbereiten, damit das Wesen aufwachen kann. Wirkliche Kontrolle kann nur im Wesenskern stattfinden. Alle Kontrolle in der Persönlichkeit ist Einbildung.[7]

In der Persönlichkeit gibt es zwei Arten von Veränderung:

(1) Die unbewußte Veränderung ist vorübergehend. Eine Reihe von Erfahrungen vertreibt die andere; danach kehrt die ursprüngliche Situation zurück, und die Persönlichkeit wird, wie sie vorher war.
(2) Der bewußte Wandel in der Persönlichkeit kann dauerhaft sein. Durch Selbstbeobachtung läßt sich herausfinden, was verändert werden muß, damit die Persönlichkeit nicht wieder so wird, wie sie vorher war.

Was gemeinhin »Wille« genannt wird, kommt nur von der Persönlichkeit. Irgendetwas berührt die Persönlichkeit, und sie sagt »ich will« oder »ich will nicht«, »ich mag« oder »ich mag nicht« und glaubt, es sei der Wille. In Wirklichkeit ist es nur der Ausdruck eines der vielen »Ichs«, aus denen sich die Persönlichkeit zusammensetzt (Abb. 4-1, S. 79).

Der wirkliche Wille kann nur im Wesenskern liegen. Und den gilt es, bewußt zu machen.

Wenn wir uns auch nur in dem bescheidenen Ausmaß an uns selbst erinnern würden, das jedem von uns möglich ist, würde sich unser tägliches Leben radikal verändern. Angelus Silesius sagt: »Mensch, steig nicht allzu hoch, bild dir nichts Übrigs ein: die schönste Weisheit ist, nicht gar zu weise sein.«

»Menschen von Rang sind vom Gesetz ihres Wesens bestimmt. Sie halten Maß aus wesensnotwendiger Zucht und widerstreben der Verlockung, sich größer zu geben, als sie vom Grunde her sind. Sie übernehmen sich nicht in der Welt, sondern halten sich in Anspruch und Ausgriff eher hinter ihrem Wesensumfang zurück. Menschen von Rang haben die unzerstörbare Mitte im Kern ihres Wesens.«[5] Je mehr ein Mensch von seinem Wesen her getragen ist, desto weniger wird er von außen bewegt.

Je mehr der Mensch seinen Wesenskern vergißt, desto stärker wird er von den Verhaltenseinheiten be-

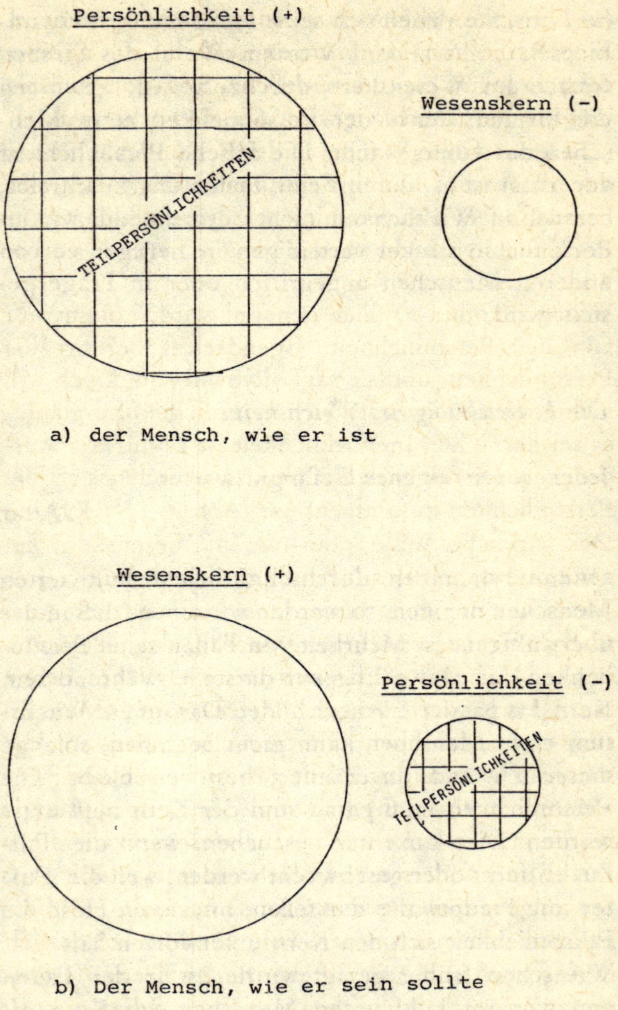

Abb. 4-1: Persönlichkeit und Wesenskern des Menschen

(nach M. Nicoll)

herrscht, aus denen sich seine Persönlichkeit zusammensetzt; mit andern Worten: Wenn das Streben fehlt, zum Wesenskern durchzustoßen, gewinnen die kleinen »Ichs« der Persönlichkeit eines Menschen das Übergewicht. Die falsche Persönlichkeit vor allem ist es, die uns eine Bedeutung zuschreibt, die wir in Wirklichkeit nicht besitzen, die wir jedoch um so stärker verteidigen, je heftiger sie von anderen Menschen angegriffen oder in Frage gestellt wird.

Die Entwicklung des Wesenskerns

Jeder ist sein eigener Gefängniswärter

F. Attar

»Wenn wir einen durchschnittlichen kultivierten Menschen nehmen, so werden wir sehen, daß in der überwältigenden Mehrheit von Fällen seine Persönlichkeit das aktive Element darstellt, während sein Kern das passive Element bildet. Das innere Wachstum eines Menschen kann nicht beginnen, solange dieser Zustand unverändert bestehen bleibt. Die Persönlichkeit muß passiv und der Kern muß aktiv werden. Dies kann nur geschehen, wenn die ›Puffer‹ entfernt oder geschwächt werden, weil die ›Puffer‹ die Hauptwaffe darstellen, mit deren Hilfe die Persönlichkeit sich den Kern unterworfen hält.
Wie schon früher gesagt wurde, ist in den Fällen von weniger kultivierten Menschen der Kern oft stärker entwickelt als in einem kultivierten Menschen. Es könnte scheinen, daß sie sich der Möglichkeit des Wachstums näher befinden, aber in Wirklichkeit ist das nicht so, weil ihre Persönlichkeit sich als ungenügend entwickelt erweist. Für das

innere Wachstum, für die Arbeit an sich selbst, ist eine gewisse Entwicklung der Persönlichkeit in gleichem Maße wie eine gewisse Stärke des Kerns notwendig. Die Persönlichkeit besteht aus ›Rollen‹ und aus ›Puffern‹. (...) Eine ungenügend entwickelte Persönlichkeit bedeutet einen Mangel an ›Rollen‹, das heißt einen Mangel an Wissen, einen Mangel an Tatsachen, einen Mangel an Material, auf das sich die Arbeit an sich selbst gründen muß. Ohne einige Wissensvorräte, ohne eine gewisse Menge Materials, das ›nicht sein Eigenes‹ ist, kann ein Mensch nicht beginnen, an sich selbst zu arbeiten, kann er nicht beginnen, sich zu studieren, kann er nicht beginnen, mit seinen mechanischen Gewohnheiten zu kämpfen, einfach weil kein Grund oder kein Motiv für ihn da ist, eine solche Arbeit zu unternehmen.«[9]
Die Arbeit an sich selbst, an seinem Wesenskern, beginnt dann, wenn der Mensch auf vernünftige Weise mit den Anforderungen des Lebens fertig geworden ist (Abb. 4-2) und imstande ist, das Nützliche für die anderen mit dem Angenehmen für sich zu verbinden.
Ein Mensch kann dann als ausgewogen bezeichnet werden, wenn er das, was er tut, nicht tut, um Verdienste zu erwerben, oder aus Angst, sein Ansehen oder seine Ehre zu verlieren und so fort; ein ausgewogener Mensch tut seine Pflicht, er kümmert sich nicht um Lob, Anerkennung, Ehre, Popularität oder andere Verdienste in den Augen der Welt. Ausgewogene Menschen können nach M. Nicoll »alles für alle Menschen« sein, mitten im Leben jede Seite ihrer Persönlichkeit und ihres Wesenskernes entwikkeln und sich flexibel den wechselnden Umständen des Lebens anpassen, so daß jede Situation wirksam gemeistert werden kann. Wer sich selbst gut kennt, sagt Thomas von Kempen, hält sich selbst für wert-

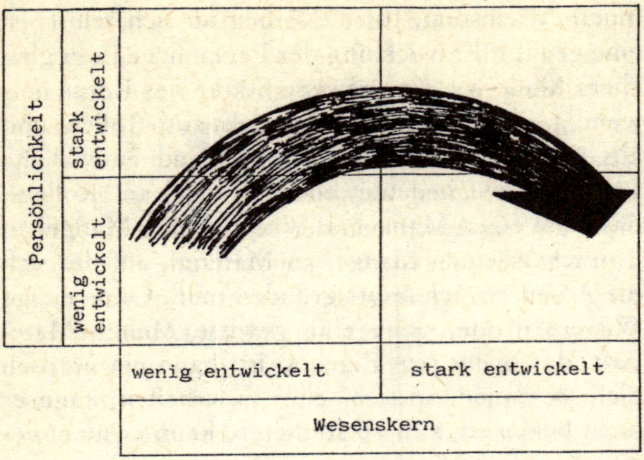

Abb. 4-2: Die Entwicklung des Wesenskerns des Menschen

los und freut sich nicht über das Lob der Menschen. Ein Mensch, der eine Belohnung für jede Anstrengung erwartet, die er macht, fördert dadurch seine Unzufriedenheit und paßt sich nicht dem Leben an. Die Erkennungszeichen eines Menschen, der viel an sich selbst gearbeitet hat, sind seine unwandelbare Gelassenheit bei Glück und Unglück, seine Heiterkeit und Güte in allen Lebensumständen.

Um dem Wesenskern ein Wachstum zu ermöglichen, muß zusammenfassend die Persönlichkeit passiv gemacht werden. Die Arbeit an sich selbst mitten im Leben macht durch Selbstbeobachtung, Nicht-Identifikation, innerer Trennung usw. die Persönlichkeit passiv und läßt dadurch den Menschen zu seinem Wesenskern durchstoßen.

»Der Weg der höheren Bildung besteht in der klaren Entfaltung der ursprünglich klaren Anlagen, in der Liebe zur Menschheit und darin, daß man sich die höchste Tüchtigkeit darin zum Ziel setzt.«[10] In diesem Grundsatz, der Konfuzius zugeschrieben wird, sind die beiden Pole des Lebens genannt: die Ausbildung des eigenen Wesenskerns und die Liebe zur Menschheit, also Individuum und Gemeinschaft.

Bei der *Ausbildung des Wesenskerns* handelt es sich nicht um ein Austreiben der Natur oder ein Unterdrücken des Gegebenen, sondern um eine Entfaltung und Steigerung der innersten Anlagen des Menschen oder, anders ausgedrückt, um ein Herausarbeiten des latent von Anfang an vorhandenen Gehalts. Es geht also um eine positive Anstrengung. Der Selbstentfaltung zur Seite tritt die *Beziehung zur Gemeinschaft.*

Das dritte, *»höchste Tüchtigkeit als Ziel«*, gibt nicht ein neues Arbeitsgebiet an, sondern bezeichnet den höchsten Intensitätsgrad persönlicher Konkretisierung in den genannten Idealforderungen. Tüchtigkeit beruht auf der Gewissenhaftigkeit im Detail und auf der Verantwortlichkeit. Es heißt dann weiter bei Konfuzius[11]: »Wenn man sein Ziel kennt, so gibt das Festigkeit. Festigkeit allein führt zur Ruhe. Die Ruhe allein führt zum inneren Frieden. Der innere Friede allein ermöglicht ernstes und besonnenes Nachdenken. Ernstes und besonnenes Nachdenken allein führt zum Gelingen.«

Hier ist ein sehr wichtiger Gesichtspunkt für eine erfolgreiche Arbeit an sich selbst angesprochen. Während die Menge der Menschen einfach durch die Macht der Gewohnheit und der Einbildung geleitet wird und durch die instinktiv anerkannten Forderungen der Sitte Ordnung für ihr Leben gewinnt, muß jeder, der ernstlich an sich selbst arbeitet, in einem vollkommen festen und bewußten Entschluß sich für den zu befolgenden Weg entscheiden. Solange die Wahl nicht endgültig ist, solange

ein inneres Schwanken zwischen verschiedenen Möglichkeiten noch herrscht, wird man in Unruhe hin- und hergerissen, die den Menschen nicht zur Stille kommen läßt.
Es handelt sich darum, daß man »aus freiem Entschluß sich selbst ein Ziel setzt, und zwar ein so hohes, daß man daraus die Kraft des Entschlusses gewinnt, der allem bänglichen Schwanken feiger Gedanken ein Ende macht und dadurch eine Konzentration der geistigen Kräfte in einer bestimmten Richtung ermöglicht, wie sie notwendig ist zur Erreichung des Gelingens«.[12]
Wenn man sich über das Ziel im allgemeinen klar ist, gilt es, die Reihenfolge der in Angriff zu nehmenden Hauptschritte festzulegen. Denn ohne Strategie ist auf dem Gebiete der Selbstentfaltung nichts zu erreichen. »Wie jedes Ding Stamm und Verzweigungen hat und erst der Stamm feststehen muß, ehe die Verzweigungen sich ausgestalten können, so ist im Gebiet der Tat eine dauernde Verknüpfung von Ende und Anfang da. Nicht nur der Anfang bestimmt das Ende, sondern umgekehrt liegt in jedem Ende einer Handlung nach chinesischer Auffassung der Keim eines neuen Anfangs verborgen nach dem Gesetz von Ursache und Wirkung. Der Gedanke: ›Ende gut, alles gut‹ gewinnt von hier aus eine ganz neue Bedeutung. Er ermöglicht nicht ein erleichtertes Aufatmen, nach dem man fertig ist, so daß man nun untätig ruhen könnte, sondern er eröffnet den Ausblick in neue Sphären der Tätigkeit; denn nur wenn die erste Stufe ihr rechtes Ende gefunden hat, gewinnt die nächste ihren normalen Anfang. Diese Ordnung, die die Natur allenthalben gesetzesmäßig beherrscht, ist auch für den Menschen unbedingt notwendig, wenn er über dilettantische Versuche hinauskommen will.«[13]

Die Zielsetzung geht deshalb von dem weitesten Ideal der Entfaltung des Wesenskerns immer mehr ins Spezielle, um von da aus synthetisch sich organisch wieder zu dem Gedanken der Zielsetzung zu entfalten. Erst wenn der Mensch dienen und seine Pflicht erfüllen lernt ohne einen Gedanken an Anerkennung, erst dann erreicht er das Ziel der Selbstvervollkommnung.

Wo immer eine Teilpersönlichkeit des Menschen vorherrscht – das egoistische, kleinliche Ich –, das nichts sieht als sich selbst, nichts sucht als seinen persönlichen Vorteil und seine persönliche Geltung, das nur um sich selber und seine Bequemlichkeit besorgt ist und sich nie in die Situation das anderen versetzt, kann der Durchbruch zum Wesen nicht gelingen.[14]

Anmerkungen:

[1] Zitiert aus C. S. NOTT, *Teachings of Gurdjieff. A Pupil's Journal*, a. a. O., S. 65. Hervorhebung durch den Verfasser.

[2] Vgl. hierzu M. NICOLL, *Psychological Commentaries on the Teaching of Gurdjieff & Ouspensky*, Band 4, S. 1120 ff.; K. DÜRCKHEIM definiert das Wesen eines Menschen wie folgt: »Unter dem Begriff ›Wesen‹ eines Menschen verstehen wir die jeweils individuelle Weise der Teilhabe am überraumzeitlichen Sein – unter dem ›Selbst‹ die Weise des Subjektseins im raumzeitlichen Dasein. Das ›wahre Selbst‹ (oder ›unwandelbare Ich‹, der Wesenskern, A. d. V.) ist dort gewonnen, wo der Mensch in seinem Subjektsein mit dem Wesen integriert ist. In dem Maße als diese Integration nicht gelang, lehrt der Mensch – z. B. als nur weltbezogenes Ich – in einem Pseudo-Selbst. Im wahren Selbst wird die Teilhabe am überraumzeitlichen Sein in der Freiheit gegenüber dem raumzeitlichen Dasein manifest – im bloßen ›Ich selbst‹ ist das Selbstbewußtsein von der Welt abhängig.« K. DÜRCKHEIM, *Hara. Die Erdmitte des Menschen.* München 1956, S. 249.

[3] A. SCHOPENHAUER, *Aphorismen zur Lebensweisheit*, Stuttgart 1974, S. 58–59.

[4] A. SCHOPENHAUER, *Aphorismen zur Lebensweisheit*, a. a. O., S. 59–60.

[5] K. DÜRCKHEIM, *Durchbruch zum Wesen*, a. a. O., S. 52.

[6] A. KEYSERLING, *Das Erbe der Schule der Weisheit.* I. Band, Wien 1981, S. VIII.

[7] Vgl. hierzu J. G. BENNETT, *Gurdjieff – Aufbau einer neuen Welt*, a. a. O., S. 141 ff.

[8] K. DÜRCKHEIM, *Durchbruch zum Wesen*, a. a. O., S. 164.

[9] P. D. OUSPENSKY, *Auf der Suche nach dem Wunderbaren*, a. a. O., S. 238–239.

[10] Zitiert nach R. WILHELM, *Chinesische Lebensweisheit*, Darmstadt 1922, S. 56.

[11] Zitiert nach R. WILHELM, *Chinesische Lebensweisheit*, a. a. O., S. 57–58.

[12] R. WILHELM, *Chinesische Lebensweisheit*, a. a. O., S. 60.

[13] R. WILHELM, *Chinesische Lebensweisheit*, a. a. O., S. 60.

[14] Vgl. hierzu K. DÜRCKHEIM, *Durchbruch zum Wesen*, a. a. O., S. 49 ff.

5. Die Arbeit an sich selbst

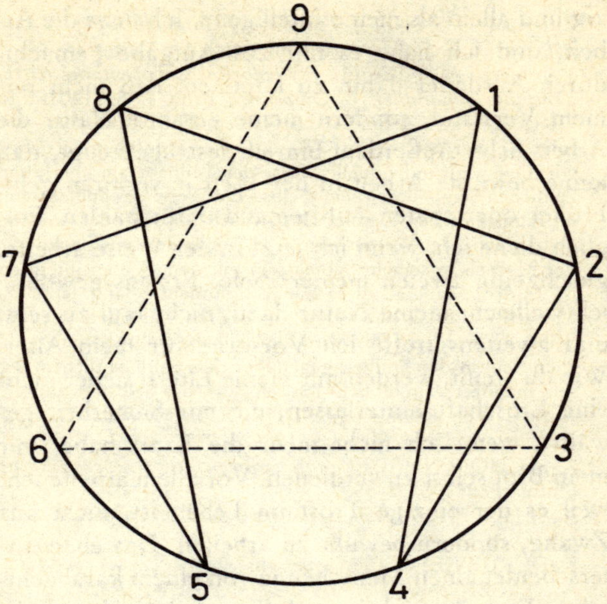

Bilderläuterung: 1 = Die Vielzahl der Verhaltenseinheiten in der Persönlichkeit des Menschen; 2 = Selbstbeobachtung und Selbsterinnerung; 3 = *Die Erkenntnis der Lage;* 4 = Der Wesenskern des Menschen; 5 = DIE ARBEIT AN SICH SELBST; 6 = *Die Erkenntnis des Gegensatzes;* 7 = Die Überwindung negativer Emotionen; 8 = Die Ablehnung der Identifikation; 9 = *Die Wandlung des Menschen*

- Die äußere Wirklichkeit als Tätigkeitsfeld für die Arbeit an sich selbst
- Das Leben als Schule
- Das Leben als Mittel
- Die Beziehung zwischen der Arbeit an sich selbst und der Arbeit im äußeren Leben

Wenn ich das Wort *ich* gebrauche, so darfst du es nicht als mein gesamtes ICH auffassen, sondern einzig und allein als meine Intelligenz. Ich liebe die Arbeit, und ich habe es mir zur Aufgabe gemacht, durch Ausdauer dahin zu kommen, daß nicht nur mein Verstand, sondern meine gesamte Natur die Arbeit liebt. Außerdem bin ich fest überzeugt, daß keine bewußte Arbeit in der Welt je verloren geht. Früher oder später muß jemand dafür zahlen. Folglich diene ich, wenn ich jetzt in der Weise arbeite, gleichzeitig zweien meiner Ziele: Erstens gewöhne ich vielleicht meine Natur dazu, nicht faul zu sein, und zweitens treffe ich Vorsorge für mein Alter. Wie du weißt, werden mir meine Eltern sicher nicht eine Erbschaft hinterlassen, die mir Sicherheit gewährt, wenn ich nicht mehr die Kraft habe, mir mein Brot selbst zu verdienen. Vor allem arbeite ich, weil es der einzige Trost im Leben ist, nicht aus Zwang, sondern bewußt zu arbeiten. Das eben unterscheidet einen Menschen ja von einem karabachischen Esel, der sich ja auch Tag und Nacht abrakkert.

G. I. Gurdjieff

Die äußere Wirklichkeit als Tätigkeitsfeld für die Arbeit an sich selbst

Sei gleichmütig gegen Erfolg und Mißerfolg

Bhagavadgita

Es gilt die Wirklichkeit selbst, das alltägliche Leben zum geistigen Arbeitsfeld zu machen, die Arbeit an den Dingen in *Arbeit an sich selbst* zu verwandeln. Nur in bewußter Trennung von absichtlichem Leiden – der dauernden Übung der Selbstüberwindung

im Aufsuchen von Schwierigkeiten im Gegensatz zur heutigen Kultur des Sichleichtmachens – und bewußter Arbeit kann der Mensch eine innere Spannung erzeugen, in der sein Wesenskern der Klärung und Befreiung fähig wird. Alles Heil in unserer Zeit kann nur durch Arbeit an sich selbst erreicht werden; nur die persönliche Anstrengung, ja die verzweifelte Suche nach der Wahrheit nach vielen Enttäuschungen gibt die Möglichkeit, aus der Welt des Scheines in die wahre Wirklichkeit aufzusteigen.[1]
»Das Leben ist ein zweischneidiges Schwert ... Die Menschen wollen nur das Glück. Es sind aber auch andere Dinge wichtig: Leiden ist wichtig, weil es auch ein Teil des Lebens, ein notwendiger Teil, ist. Ohne Leiden kann man nicht wachsen, wenn man jedoch leidet, denkt man nur an sich selbst, wir tun uns selbst leid, wir wünschen, nicht zu leiden, weil wir uns dabei unwohl fühlen und wünschen, vor der Sache zu fliehen, die die Ursache ist, daß es uns schlecht geht. Wenn man leidet, fühlt man nur Selbstmitleid. Dem ist nicht so, wenn du ein wahrer Mensch bist. Der wahre Mensch fühlt auch zuweilen das Glück, das wahre Glück; wenn er aber das Leiden verspürt, versucht er nicht innerhalb seiner selbst, diese Sache aufzuhalten. Er akzeptiert es, weil er weiß, daß es dem Menschen eigen ist. Man muß leiden, um die Wahrheit über sich selbst zu kennen; man muß lernen zu leiden, indem man es will. Wenn auf den Menschen das Leiden zukommt, muß er daraus ein *absichtliches* Leiden machen, er muß es mit seinem ganzen Sein fühlen; daß es ihm hilft, zu verstehen, ... wie man von der Natur, von anderen Personen, von jedem Ding für eine Hilfe im Leben abhängt. Man kann nicht allein leben. Die Einsamkeit – nicht die Isolierung, die schlecht ist –, die Einsamkeit kann ein Gut für den Menschen

sein, sie ist für das Leben notwendig, es ist aber auch notwendig zu lernen, nicht allein zu leben, weil das wirkliche Leben von anderen Lebewesen und nicht nur von uns selbst abhängt.«[2]
Der vom Leben geprüfte ist nach K. Dürkheim empfänglicher für die Arbeit an sich selbst als der, der noch nicht durch die Schule des Leidens gegangen ist; der nach außen Gekehrte ist ihr ferner als der, der nach innen gewandt ist. Leiden sind Lehren, sagt Herodot, und jede dunkle Nacht hat, nach einem persischen Sprichwort, ein helles Ende.

Das Leben als Schule

Der Mensch ist der Spiegel des Menschen
Arabisches Sprichwort

»Der Mensch ist der Spiegel des Menschen« stellt eine ausgezeichnete Richtschnur für das soziale Verhalten der Menschen dar; das Zitat besagt, »daß man im Benehmen und in den Handlungen der Mitmenschen den Widerschein der eigenen Gefühle und Handlungen sehen soll. Wenn wir einen Fehler in einem Menschen entdecken, sollten wir diesen Fehler zunächst in uns korrigieren, so daß der Spiegel unseres Herzens immer reiner wird.«[3] Der Weise verdammt deshalb niemand und findet, wie H. Keyserling sagt, keinen ganz töricht; denn wir sind geneigt, in anderen am schärfsten das zu verurteilen, was man in sich nicht liebt. Frei von Unruhe scheinen nur die Menschen zu sein, die für Weisheit Zeit haben.
Die traditionellen Wege der inneren Entwicklung verlangen den Rückzug aus dem Leben, um in Abgeschiedenheit an bestimmten Aspekten der eigenen

Natur zu arbeiten. Diese Wege sind für die Menschen unserer Zeit, die mitten im Leben stehen, nicht gangbar. Die verschiedenartigen Erfahrungen, die in einem aktiven Leben gesammelt werden, lassen sich als Möglichkeiten für die Entwicklung unseres Bewußtseins nutzen. Wir können die Situation selbst benutzen, um ein *bewußtes Verhalten* einzunehmen, wenn wir die Schwierigkeiten als Möglichkeiten sehen und in negativen Umständen die positiven Aspekte erkennen.

Bewußtes Verhalten bedeutet nicht, daß wir unsere unangenehmen Eigenschaften eliminieren, sondern daß wir ihnen ihre Kraft nehmen. Die folgende Legende aus dem Talmud veranschaulicht bewußtes Verhalten[4]: Das Wunder des Exodus beeindruckte die gesamte Welt, und der Name Moses war in aller Munde. Der König von Arabistan ließ seinen besten Maler holen und befahl ihm, Moses zu suchen und ihm ein Bild von ihm zu bringen. Nach der Rückkehr des Malers legte der König das Bild seinen Weisen vor und forderte sie auf, die Qualitäten dieses außerordentlichen Mannes und die Quelle seiner Macht abzuleiten.

Zu seinem Erstaunen sagten sie, daß dies das Bildnis eines grausamen und stolzen Mannes war, der vom Streben nach Macht und von allen Lastern dieser Welt beherrscht war. Der König konnte das nicht glauben und so entschloß er sich, Moses selbst zu besuchen. Nach seiner Ankunft sah er, daß sein Maler Moses getreu portraitiert hatte; da er den Mann aber selbst gesehen hatte, erkannte er sogleich seine wahre Größe und folgerte, daß sich seine Weisen in ihrem Urteil äußerst unfähig gezeigt hätten. »Nein«, sagte Moses, »dein Maler und deine Weisen haben recht. Die Natur hat mir alle Laster zugewiesen, von denen deine Weisen sprachen. Durch lange und intensive Willensanstrengungen habe ich sie jedoch graduell überwunden, so daß all das, was sich ihnen widersetzte, zu meiner zweiten Natur wurde; und darin liegt mein größter Stolz.«

Der Weg der Selbstentfaltung in der äußeren Welt ist der schwierigste von allen, da er mitten im Leben praktiziert werden muß; er muß immer auf die sich wandelnden Umstände des Lebens bezogen werden und kann niemals fixiert oder zur Gewohnheit werden. Jede Änderung in der äußeren Arbeit, welche Form sie auch annimmt, ist immer nützlich, wenn wir ihr gegenüber die richtige innere Einstellung einnehmen. Wir müssen fähig werden, alles für alle Menschen zu sein und jede Seite unseres Wesens zu entwickeln, so daß wir mit jeder Situation auf eine vernünftige Weise fertig werden und uns mit jeder Art von Menschen, mit jeder Theorie, mit jedem Gesichtspunkt, mit jeder praktischen, theoretischen oder philosophischen Angelegenheit wirksam auseinandersetzen können. Dieser Weg ist der flexibelste von allen; er verlangt innere Beweglichkeit und Anpassung an die äußeren Umstände des Lebens bei gleichzeitiger innerer Freiheit.[5] Ein ausgeglichener Mensch ist in der Welt, aber nicht von der Welt, so wie das Boot im Wasser liegt, aber das Wasser nicht im Boot ist. Wir müssen unsere Aufgaben professionell ausführen, ohne zu glauben, daß sie irgendwohin führen und dabei unsere Verantwortlichkeiten sehen und erfüllen.

Dieser Weg ist für Menschen, die im Leben gut orientiert und angepaßt sind, jedoch nach M. Nicoll nicht an das Leben glauben und den wirklichen Wert der Dinge kennen. Sie glauben, daß das Leben sie nicht in die Richtung führt, in die sie zu gehen wünschen; sie haben ein Gefühl, daß das Leben nicht wirklich ist, obwohl sie ihre Pflichten auf professionelle Weise erfüllen. Sie sehen, mit anderen Worten, wie falsch und unbedeutend die Ziele des Lebens häufig sind und wie in vielen Fällen nichts erreicht wird.

Wir müssen das Leben als eine Schule betrachten, in der wir die Bedingungen für die Entwicklung unseres Willens, unseres Bewußtseins und unserer Individualität nutzen und lernen, außerordentlich zu sein. Außerordentliche Menschen sind gerecht und nachsichtig gegenüber den Schwächen ihrer Mitmenschen; sie berufen sich auf die Fähigkeiten ihres eigenen Verstandes, die sie durch eigene Anstrengungen erworben haben; sie haften nicht an den Dingen dieser Welt, sondern betrachten sie als ein Mittel zum inneren Fortschritt.

Es gilt, jede Aufgabe, auch wenn sie noch so klein erscheint, gut und mit Aufmerksamkeit auszuführen und jederzeit bereit zu sein, sich wechselnden Umständen anzupassen; wir müssen unsere Fähigkeiten ständig verbessern und lernen fähig zu sein, einen Rückschlag oder einen Nachteil zu unserem Nutzen zu wenden. In jeder Arbeit ist es möglich, herauszuragen, ohne sich mit der Aufgabe zu identifizieren. »Wie das Gestirn«, sagt Goethe, »ohne Hast, aber ohne Rast, drehe sich jeder um die eigene Last.«

Das Leben als Mittel

Arbeite für diese Welt, als wenn du ewig in ihr leben müßtest;
und arbeite für jene, als wenn du morgen sterben müßtest.

Arabisches Sprichwort

Die Arbeit in der äußeren Welt kann in Arbeit an sich selbst umgewandelt werden, wenn wir:
(1) die Gegenstände und Ereignisse der Welt als *Mittel* betrachten, wobei wir durch eine Änderung unserer Einstellung schlechte Umstände in Herausforderungen umwandeln können,
(2) lernen, alle unsere Aufgaben professionell und selbstlos auszuführen und
(3) uns nicht mit ihnen identifizieren, dabei aber unsere Pflicht erfüllen, ohne uns um die Früchte unserer Handlungen zu kümmern, so daß wir
(4) in der Welt leben, dabei aber über ihr bleiben.
Wir müssen eine Brücke zwischen dem inneren und dem äußeren Leben bauen. Selbstdisziplin und Entschlossenheit sind die Fundamente dieser Brücke. »Wenn du während deines verantwortlichen Lebens nichts gesät hast, wirst du in der Zukunft nichts zu ernten haben«, sagt Gurdjieff.
Wenn wir das *Leben* als Arbeit an uns selbst betrachten, ändern sich die Beziehungen zu unserem Dasein, da sich der *Sinn des Lebens* ändert. Wir sehen unser Leben in einem anderen Licht, nicht als Ziel, sondern als *Mittel.* Dadurch sind wir fähig, uns nicht mit dem Leben und mit seinen Erscheinungen zu identifizieren, sondern das *Leben selbst als Lehrmeister* zu betrachten. Das Ziel ist die Selbst-Entwicklung oder die innere Evolution des Menschen. Das Leben wird unser Lehrmeister, wenn wir verstehen, daß es uns verschiedenartige Umstände, Erfahrungen, Zustände, Situationen usw. bietet, mit denen wir uns nicht identifizieren dürfen, die uns aber helfen können, uns selbst zu erkennen und zu unserem Wesenskern durchzustoßen.

Es ist nicht einfach, das Leben als Arbeit an sich selbst zu betrachten. Wenn eine unangenehme Situation eintrifft oder wenn unser Selbstverständnis, vertreten durch unsere Einbildung und unsere falsche Persönlichkeit, durch äußere Ereignisse erschüttert wird, fällt es häufig sehr schwer, diese neue Denkweise – das Leben als Arbeit an sich selbst – anzunehmen. Diese Neuorientierung unseres Denkens ist jedoch eine Voraussetzung für unsere innere Entwicklung; sie kann unserem Leben einen neuen Sinn geben (Abb. 5-1).

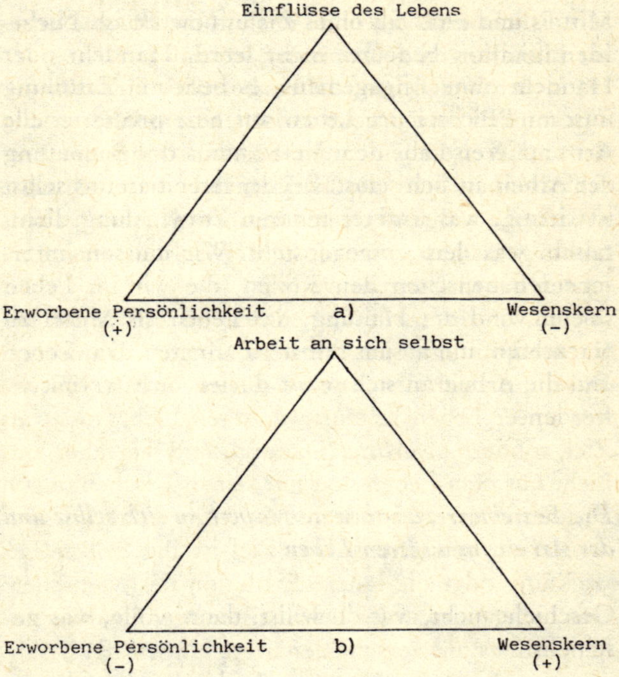

Abb. 5-1: Der außengelenkte a) und b) der Mensch mit einer eigenständigen, innengelenkten Lebensführung (nach M. Nicoll)

Damit das Leben unser Lehrmeister wird, müssen wir ihm mit Nicht-Identifikation begegnen: Durch die Nicht-Identifikation wird das Leben zum Lehrmeister. Nichts kann unser Sein stärker ändern als die Praxis, unangenehme Dinge im Leben als Übung aufzufassen.[6] Ein Mensch, der nach einem Gleichgewicht strebt, weiß, daß jeder Aspekt des Lebens für seine Entwicklung notwendig ist. Er verliert keine Zeit mit negativen Emotionen, denn er hat erkannt, daß das Leben eine *Schule* ist, wobei er sich der wirklichen Bedeutung des Lebens als eines Mittels und nicht als eines Zieles bewußt ist. Nicht-Identifikation bedeutet nicht leeres Handeln oder Handeln ohne Engagement; es bedeutet Erfüllung unserer Pflichten im Leben auf eine professionelle Art und Weise aus dem Verständnis der Bedeutung der Arbeit an sich selbst. Bei der Arbeit an uns selbst ist richtig, was unserer inneren Entwicklung dient, falsch, was dem entgegensteht. Wir müssen unterscheiden zwischen den Rollen, die wir im Leben spielen, und der Haltung, das Leben als Mittel zu betrachten, um an uns selbst zu arbeiten. Das Leben und die Arbeit an sich selbst dürfen nicht vermischt werden.

Die Beziehung zwischen der Arbeit an sich selbst und der Arbeit im äußeren Leben

Geschieht nicht, was du willst, dann wolle, was geschieht.

Arabisches Sprichwort

Die Beziehung zwischen bewußter Anstrengung oder Anstrengung bei der Arbeit an sich selbst und mechanischer Anstrengung oder Anstrengung im Leben ist in Abb. 5-2 veranschaulicht.

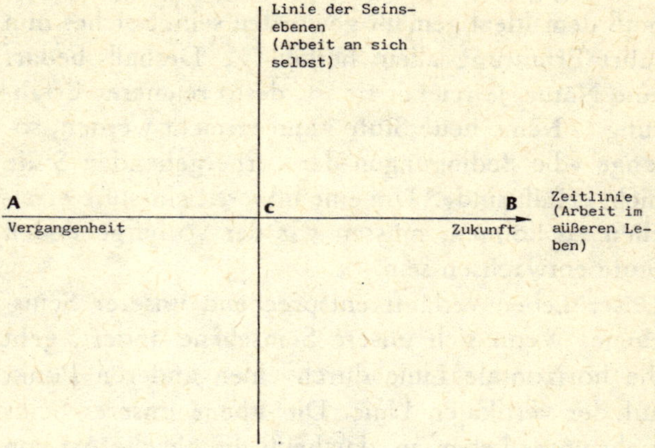

Abb. 5-2: Der Zusammenhang zwischen der Arbeit an sich selbst und der Arbeit im äußeren Leben (nach M. Nicoll)

Die Arbeit an sich selbst wird durch die vertikale Linie dargestellt; sie ist darauf gerichtet, eine höhere Seinsebene zu erreichen. Die vertikale Linie stellt somit verschiedene *Seinsebenen* dar.
Die horizontale Linie stellt das Leben eines Menschen in der Zeit auf der durch den Punkt C angegebenen Seinsebene dar. Alle Anstrengungen, die wir in der Zeit, aus Ursache und Wirkung heraus, unternehmen, liegen auf der Linie AB. Ein höherer Zustand des Menschen liegt nicht auf der horizontalen Linie, sondern nur in der vertikalen Linie. Die vertikale Linie gibt allen Dingen einen *Sinn*; sie ist der ewige Maßstab des Sinns.

Jede höhere Bewußtseinsebene setzt einen neuen inneren Zustand voraus. »Bevor dieser nicht erreicht wird, nützt kein abstraktes Wissen. Der ist kein Heiliger, der Furcht und Rache im Herzen, Jesu Weisung gemäß die linke Backe hinhält: die Natur muß dem Ideal gemäßt geworden sein. Solches nun führt Erfahrung allein herbei ... Deshalb bedarf eine Natur, je reicher sie ist, desto reicherer Erfahrung.«[7] Keine neue Stufe kann erreicht werden, solange »die Bedingungen der vorhergehenden Stufe nicht erfüllt sind«.[8] Um eine höhere Seinsstufe erreichen zu können, müssen wir der vorhergehenden Stufe entwachsen sein.

Unser Leben verläuft entsprechend unserer Seinsebene. Wenn sich unsere Seinsebene ändert, geht die horizontale Linie durch einen anderen Punkt auf der vertikalen Linie. Die Ebene unseres Seins zieht unser Leben an, das heißt die gleiche Art von Dingen, die gleichen Situationen, die gleiche Art von Freunden, die gleichen Schwierigkeiten und so fort an. Ändern wir unser Sein, verändert sich unser Leben. Eine Änderung unserer Lebensform führt jedoch nicht zu einer Änderung unseres Seinszustandes.

Jeder Augenblick im Leben eines Menschen kann im Schnittpunkt der horizontalen und der vertikalen Linie dargestellt werden.[9] Der Schnittpunkt ist die Gegenwart, das Jetzt; er erhält erst dann seine volle Bedeutung, wenn der Mensch *bewußt* ist. Wenn wir uns mit allem identifizieren, wenn wir von der Vergangenheit in die Zukunft eilen, gibt es keine Gegenwart, kein Jetzt in unserem Leben; wenn der erwartete Augenblick eintritt, gehört er bereits der Vergangenheit an. »Das Leben der Dummen ist rastlos und ganz auf die Zukunft gerichtet«, meint Seneca.

In der Gegenwart leben heißt, jeden Augenblick voll leben und das Leben im Bewußtsein erfahren, daß jeder Augenblick einmalig ist und nicht mehr wiederkehren wird; es bedeutet, sich dessen bewußt zu sein, was man tut und sich auf eine Weise einzusetzen, daß die eigenen Erfahrungen zum inneren Wachstum beitragen. »Nur hier, im irdischen Leben, wo die Gegensätze zusammenstoßen, kann das allgemeine Bewußtsein erhöht werden.«[10]

Die Existenz und der Sinn der vertikalen Richtung vermitteln uns einen Sinn für das *Jetzt*, für das wirkliche »Ich«, das über uns steht. Die vertikale Linie gibt, zusammenfassend, die »Ewigkeitsdimension« an, ausgedrückt durch Seinszustände und Ebenen im Verstehen und in der *Qualität* unseres Wissens. Jede wirkliche Evolution verläuft von einem niedrigeren zu einem höheren Punkt auf der vertikalen Linie; sie verlangt eine *Umwandlung des Seins.* Die vertikale Linie kann deshalb auch als die Linie der Umwandlung oder Transformation bezeichnet werden, im Unterschied zur horizontalen Linie, die die Linie des Wandels ist. Die höchste Seinsebene kann ein Mensch erreichen, wenn er von einem permanenten »Ich« gelenkt wird.

Die Persönlichkeit des Menschen bildet sich auf der Zeitlinie, die Qualität seines Wesenskerns gehört jedoch der vertikalen Linie an, da der Seinszustand eines Menschen von der Entwicklung seines Wesenskerns abhängt.

Solange ein Mensch mit seinem inneren Zustand, mit seinen Gedanken, Gefühlen und Gewohnheiten, mit anderen Worten, mit sich selbst identifiziert ist, kann er sich nicht ändern. Bei der Arbeit an uns selbst müssen wir auf eine *neue Weise* denken. Dies ist nur durch neues Wissen und innere Aufrichtigkeit möglich.

Wir werden uns nicht ändern, wenn wir über neue Lehren, über neue Konzeptionen der Selbstverwirklichung u. a. m. »klügeln«; die Änderung unseres gegenwärtigen Seinszustandes hängt davon ab, ob und in welchem Ausmaß es uns gelungen ist, in uns ein »Energiezentrum« aufzubauen, das, ausgehend von der Erkenntnis unserer Bedeutungslosigkeit und Selbstillusionierung, den Prozeß der Selbstentfaltung in Gang hält und auf das Wachstum des Wesenskerns, auf das Erreichen eines unwandelbaren »Ichs« ausrichtet. Nur durch bewußte Arbeit an uns selbst und durch absichtliches Leiden, d. h. durch selbstloses Bemühen zum Wohle unserer Mitmenschen, kann ein unwandelbares »Ich« in uns kristallisieren. Selbstentfaltung ist eine Frage der inneren Disziplin, der Erkenntnis unserer Unwichtigkeit im Maßstab der Ewigkeit.
Die Anstrengung der Arbeit an sich selbst kann mit jener Anpassung verglichen werden, die der schöpferische Mensch – der Künstler, Schriftsteller, Wissenschafter, Unternehmer genauso wie der Handwerker – sich selbst auferlegt. Jeder schöpferische Mensch stellt sich mit Bedacht schwierige Probleme und erneuert sie mit Absicht, wenn sie einmal gelöst sind, um durch die Internalisierung der Schwierigkeiten, die er meistert, sich selbst zu meistern. Er macht Gebrauch von seiner Anstrengung, die offensichtlich auf etwas Äußeres gerichtet ist und äußere Objekte regelt, um sich selbst innerlich zu entwikkeln und innerlich zu wachsen.[11]
Das Ergebnis der Umwandlung der Arbeit an äußeren Dingen in Arbeit an sich selbst kann Freude, Optimismus und Selbstvertrauen sein; die Arbeit an sich selbst führt zu *wachsamer Sorglosigkeit und gelöstem Engagement.* »Jeder weiß innerlich, wozu er berufen ist, und wenn er das Grundvertrauen nicht

verliert, dann wird jede Inspiration, jedes Ereignis ihn weiter führen.«[12] »Ich behaupte, daß Sie bisher nicht wie Menschen gearbeitet haben; doch es besteht die Möglichkeit, daß man lernt, wie Menschen zu arbeiten. Wie ein Mensch arbeiten bedeutet, daß ein Mensch fühlt, was er gerade macht, und daran denkt, warum und wofür er es macht, wie er es heute macht, wie es gestern zu machen war, wie er es morgen machen muß und welches ganz allgemein die beste Weise ist, es zu machen, – und ob es nicht noch eine bessere Weise gibt. Wer in der richtigen Art arbeitet, dem gelingt es, immer bessere Arbeit zu verrichten . . .«

Wer in der Lage ist, zu denken und die Dinge wie ein Mensch zu tun, kann eine Sache sogleich genauso gut ausführen wie derjenige, der sie sein ganzes Leben lang getan hat, allerdings nicht wie ein Mensch. Wofür dieser zehn Jahre brauchte, um es zu lernen, das lernt der andere in zwei oder drei Tagen, und er macht es dann besser als der, der es sein ganzes Leben über gemacht hat. Ich bin Leuten begegnet, die ihr Lebtag nicht wie ein Mensch gearbeitet hatten, die jedoch, nachdem sie es gelernt hatten, sowohl die feinste wie auch die gröbste Arbeit ausführen konnten, obgleich sie nie zuvor davon gehört hatten.

Das Geheimnis ist sehr einfach und sehr leicht: man muß lernen, wie ein Mensch zu arbeiten. Und dies geschieht, wenn ein Mensch eine Sache macht und zugleich an das denkt, was er macht, die Weise studiert, wie die Sache durchgeführt werden sollte, und darüber alles vergißt: seine Großmutter, seinen Großvater und sogar sein Abendessen.«[13]

Wir müssen lernen, wie Menschen und nicht wie Maschinen zu arbeiten. Dadurch, daß wir mechanisch arbeiten und/oder das bedauern, was wir tun

und uns selbst bemitleiden, verschwenden wir viel Energie. »Das Menschenwürdige beginnt erst oberhalb dessen, was auch Maschinen leisten können; denn nur das Schöpferische stammt aus der Geisteswelt. Der heutige Mensch ist zu neun Zehntel selbst Maschine, nur zu einem Zehntel wahrhaft Mensch. Das Ideal wäre, daß jeder Geist sich ausschließlich schöpferisch betätigte, gleichviel auf welcher Ebene, und daß alles übrige von Maschinen geleistet würde.«
Der Arbeitende muß sich deshalb dazu erziehen, bei allem, was er tut, unmittelbar den Sinn der Sache im Auge zu haben. Tut er dies, so wird er fortschreitend schneller sein Ziel erreichen erstens, wird zweitens der schon erfaßte Sinn zu fortschreitender tieferer Sinneserfassung führen, so daß an seiner Tätigkeit zuletzt nichts Subalternes übrigbleibt ... Unter allen Umständen ist Kürze der erforderlichen Arbeitszeit, nicht Zeitfüllung das Ideal ... Schöpferisch kann keiner lange arbeiten, ganz abgesehen davon, daß es überflüssig ist.«[14]

Menschliche Reife als Ergebnis der Arbeit an sich selbst

Das kleine Ich muß eingehen, damit das Selbst aufgehen kann.

Meister Eckehart

Das Wort vom »mehr scheinen wollen, als man ist« kennt jeder, von ihm Ernst machen können nur wenige, um so weniger als das Leben den Menschen oft für zu lange die ernsten Krisen versagt, in denen sich zeigt, daß die scheinbar sachliche Einstellung doch ihre Grenzen gehabt hat und der Mensch ir-

gendwo, zumindest sich selbst gegenüber, nicht ganz von einer *Prestigepolitik* loskam, von der ein kleiner Rest schon genügt, das ganze »Haus« zu gefährden.
Das Aufgeben des eitlen Ichs mit seinem Wunsch, um jeden Preis zu gelten, seinem Wahn, das Leben müßte seiner Vorstellung entsprechen, und seinem Willen, sich auf dem Platz zu verschanzen, den es in der Welt und im eigenen Spiegelbild einnimmt, ist vielleicht die schwerste Aufgabe, die dem Menschen von innen gestellt ist.«[15]
»Beglückend ist die Stille« – wir zitieren weiter Graf Dürckheim –, die von einem Menschen ausgeht, der ganz einfach und menschlich ist, was er ist, und der sein Schicksal überwindet, weil er es hinnimmt. Beglückend die Stille des Menschen, den keine »Position« und kein »Ehrgeiz« verleitet, sein inneres Maß zu verletzen, und verführt, sich anders zu geben oder zu wollen, als er seinem Wesen nach ist. Beglückend ist seine Stille, weil sie auch den anderen frei macht, frei in seinem eigenen Menschsein und dadurch allein auch erst frei zur Entfaltung seiner schöpferischen Kräfte.[16]
Menschliche Reife ist das Ergebnis der Arbeit an sich selbst. Menschen, die viel an sich selbst gearbeitet haben, erkennt man darin, daß sie unter allen Umständen heiter, gelassen und gütig sind; sie sind innerlich ausgeglichen und in Frieden mit sich und der Welt. Rumi sagt: »Erscheine so, wie du bist; sei so, wie du erscheinst.«
Menschen, die viel an sich gearbeitet haben, sind *heiter,* weil sie über sich selbst und die Widrigkeiten des Lebens lachen können und Humor besitzen; sie sind *gelassen,* weil sie nichts persönlich nehmen, Enttäuschungen, Ungerechtigkeiten aber als Herausforderung auffassen, weiter an sich zu arbeiten

und tiefer nach innen zu gehen; sie sind *gütig*, weil sie von ihrem Wesenskern Liebe ausströmen.
Bei der Gewinnung eines wahren, unveränderlichen Wesenskernes geht es um die Überwindung der zahlreichen Teilpersönlichkeiten in uns, die uns geltungsbedürftig, machthungrig, verletzbar und abhängig vom Beifall der Welt machen. Nur aus dem Wesenskern heraus sind wir fähig, das wechselnde Schicksal heiter und gelassen zu meistern und mitten im aktiven Leben den Einklang mit uns, mit den anderen und mit Gott zu finden.[17]
Menschliche Reife bedeutet, zusammenfassend, daß uns nichts berührt, oder wenn es uns berührt, wir uns spielend beherrschen und uns heiter auffangen, wenn uns etwas hinreißt.

Anmerkungen:

[1] Vgl. hierzu A. KEYSERLING, *Geschichte der Denkstile,* a. a. O., S. 389 ff.

[2] G. I. GURDJIEFF, zitiert aus F. PETERS, *Boyhood with Gurdjieff,* Santa Barbara 1980, S. 96.

[3] A. SCHIMMEL, *Mystische Dimensionen des Islam,* Aalen 1979, S. 254.

[4] Zitiert aus P. D. OUSPENSKY, *A New Model of the Universe,* New York 1971, S. 130.

[5] Vgl. hierzu M. NICOLL, *Psychological Commentaries on the Teaching of Gurdjieff & Ouspensky,* Band 1, a. a. O., S. 11 ff.

[6] Vgl. hierzu ausführlich K. DÜRCKHEIM, *Der Alltag als Übung,* 6. Auflage, Bern–Stuttgart–Wien 1980, S. 73 ff.

[7] H. KEYSERLING, Das Reisetagebuch eines Philosophen. München–Wien 1980, S. 748.

[8] A. SCHIMMEL, *Mystische Dimensionen des Islam,* a. a. O., S. 357.

[9] Vgl. hierzu M. Nicoll, *Psychological Commentaries on the Teaching of Gurdjieff & Ouspensky,* a. a. O., Bd. 3, S. 943 ff.

[10] C. G. JUNG, *Erinnerungen, Träume, Gedanken,* a. a. O., S. 314.

[11] Vgl. hierzu Y. HOFFMANN, *Der Ton der einen Hand.* Bern–München–Wien 1978, S. 46 ff.

[12] A. KEYSERLING, *Das Erbe der Schule der Weisheit,* 1. Band, a. a. O., S. XXIV.

[13] G. I. GURDJIEFF, *Aus der wirklichen Welt. Gurdjieffs Gespräche mit seinen Schülern.* Basel 1982, S. 124–125.

[14] H. KEYSERLING, *Das Erbe der Schule der Weisheit,* I. Band, a. a. O., S. 30–31.

[15] K. DÜRCKHEIM, *Durchbruch zum Wesen.* a. a. O., S. 35 (Hervorhebung durch den Verfasser).

[16] K. DÜRCKHEIM, *Durchbruch zum Wesen,* a. a. O., S. 36.

[17] Vgl. hierzu ausführlich K. DÜRCKHEIM, *Durchbruch zum Wesen,* a. a. O., S. 25 ff.

6. Die Erkenntnis des Gegensatzes

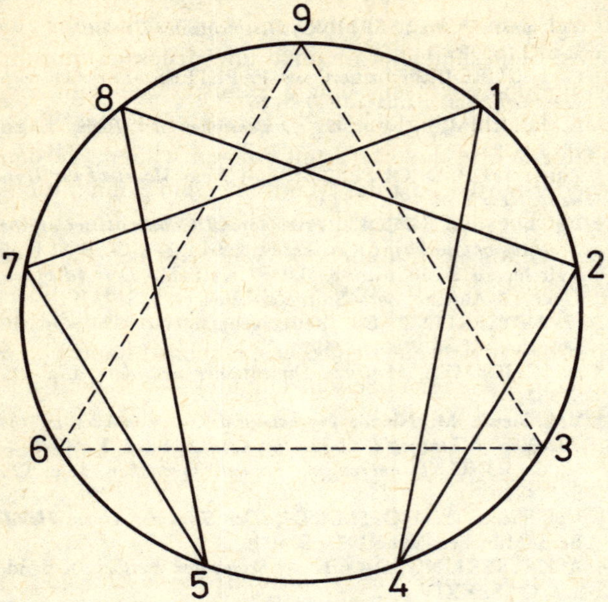

Bilderläuterung: 1 = Die Vielzahl der Verhaltenseinheiten in der Persönlichkeit des Menschen; 2 = Selbstbeobachtung und Selbsterinnerung; 3 = *Die Erkenntnis der Lage;* 4 = Der Wesenskern des Menschen; 5 = Die Arbeit an sich selbst; 6 = DIE ERKENNTNIS DES GEGENSATZES; 7 = Die Überwindung negativer Emotionen; 8 = Die Ablehnung der Identifikation; 9 = *Die Wandlung des Menschen*

- Die Abweichung von der ursprünglichen Richtung
- Die innere und äußere Welt des Menschen
- Puffer und Schranken
- Der Konflikt zwischen der Entwicklung der Persönlichkeit und dem Wachstum des Wesenskernes

Ein alter Mann lebte mit seinem Sohn in einem alten Haus auf einem Hügel. Eines Tages entlief ihm das Pferd, von dem er abhing, und kam nicht mehr zurück. Seine Nachbarn kamen und drückten ihm ihr Mitgefühl über sein Unglück aus. »Wie wißt ihr, daß das ein Unglück ist?«, fragte er. Einige Tage später kehrte das Pferd mit einigen wilden Pferden wieder zurück, die der Mann und sein Sohn abrichteten. Diesmal kamen die Nachbarn, um ihm zu seinem Glück zu gratulieren. »Wie wißt ihr, daß das ein Glück ist?«, fragte der Mann. Wie es das Schicksal wollte, stürzte der Sohn von einem der Pferde und brach sich ein Bein. Die Nachbarn kamen und sprachen wieder über sein Unglück. »Wie wißt ihr, daß das ein Unglück ist?«, fragte er. Nicht viel später brach ein Krieg aus; wegen seiner Lahmheit konnte sein Sohn nicht einberufen werden.

Laotse

Die Abweichung von der ursprünglichen Richtung

Wenn die Anstrengungen aufhören, geht die Bewegung des Lebens nach unten; die Trägheit unseres Organismus, der Wunsch, die Dinge leicht zu nehmen und Schwierigkeiten aus dem Weg zu gehen, die Neigung, zu reden statt zu handeln, die Tendenz, vom äußeren Leben gefangen genommen zu werden und mit dem Strom der Dinge zu gehen, das Bestreben einen Punkt zu erreichen, wo die Anstrengung nicht mehr notwendig ist, sind dafür verantwortlich, daß wir von der ursprünglichen Richtung abweichen. Diesen Richtungswechsel können wir in allen unseren Tätigkeiten beobachten. Nach einer bestimmten Zeit energischer und zielbewußter Tätigkeit kommt eine Reaktion, die Arbeit an uns selbst wird ermüdend und langweilig, Gleichgültigkeit überkommt uns, an Stelle wirksamen Denkens beginnt die Suche nach einem Kompromiß, es beginnt die Flucht vor schwierigen Problemen. Die Linie unserer Arbeit entwickelt sich weiter, wenn auch nicht in derselben Richtung wie zu Beginn; überall können wir beobachten, wie die Entwicklungslinie der Kräfte von ihrer ursprünglichen Richtung abweicht und nach einer gewissen Zeit in einer entgegengesetzten Richtung weitergeht, *unter Beibehaltung ihres früheren Namens.*[1]

Das Enneagramm erklärt viele Erscheinungen in unserem Leben wie die Abweichung der Kräfte, die Tatsache, daß sich alles wandelt, sich entweder entwickelt oder verfällt und entartet und schließlich die Unvermeidlichkeit periodischer Schwankungen während des Aufstiegs und während des Abstiegs.

Nur durch einen zusätzlichen Schock (Punkt 6 des Enneagrammes) kann der Stillstand oder der Abstieg in den Aufgaben unseres Lebens in Richtung auf unser Ziel – Wandlung des Seins – überwunden werden. Die Möglichkeit künstlicher, das heißt selbst geschaffener zusätzlicher Schocks gibt dem Enneagramm eine große praktische Bedeutung, wenn wir der Dynamik der Involution, die allen Bereichen menschlicher Tätigkeit eigen ist, entrinnen möchten.

Der Weg der Selbstentfaltung verläuft gemäß dem Schema des Zusammenwirkens von Pol und Gegenpol, von Erkenntnis der Lage und Erkenntnis des Gegensatzes; dieses Zusammenwirken von zwei gegensätzlichen Kräften wird aufgehoben durch die Transformation des Menschen. Die Überwindung der Distanz zwischen der Erkenntnis der Lage und der Erkenntnis des Gegensatzes, d. h. unserer wirklichen Möglichkeiten, schafft die Wandlung des Menschen.

Die innere und äußere Welt des Menschen

Wahrlich, täglich erneuere dich!

Konfuzius

Vom Augenblick an, in dem ein Mensch nach innen blickt, sich selbst in Frage stellt und zu verstehen versucht, was er ist und was er sein kann, wird klar, daß er sein Leben nach zwei Richtungen gestalten kann.

Die eine Richtung führt nach außen und ist auf Effizienz, Effektivität, Nützlichkeit und Produktivität im Rahmen der Gesellschaft gerichtet; dies ist der Weg, den die westliche Kultur entwickelt hat. Für den Erfolg im Leben sind Jahre der Ausbildung, der Lehre, der Spezialisierung der Persönlichkeitsbildung usw. notwendig; die daraus resultierende Wirksamkeit im äußeren Leben ist der Hauptwert, nach dem ein Mensch im Leben beurteilt wird.

Die andere Richtung führt nach innen und betrifft das innere Leben des Menschen; es geht um die Verwirklichung der latenten Möglichkeiten des Menschen, um die Entwicklung von Fähigkeiten und Eigenschaften seiner Natur und um das Erreichen von Bewußtseinsebenen, von denen das äußere Leben nichts weiß. Dieser Weg, der in bestimmten Kulturen des Orients entwickelt worden ist, verlangt von denen, die ihn gehen, nicht weniger Zeit, Einsatz und methodisches Studium als vom äußeren Leben verlangt wird.

Zwischen diesen beiden Arten von Leben, zwischen der inneren und äußeren Welt des Menschen scheint ein Widerspruch zu bestehen. Sie entsprechen jedoch den beiden Naturen des Menschen, und ein ausgeglichener Mensch muß versuchen, beide Wege gleichzeitig zu gehen und in beiden

Welten gleichzeitig zu leben. Beide zusammen machen die menschliche Natur aus, die somit einen permanenten Widerspruch in sich selbst enthält.[2] Viele Verhaltenseinheiten oder »Ichs« kämpfen in uns gegen die Arbeit an uns selbst. Die Arbeit an uns selbst, die gegen alles gerichtet ist, was mechanisch in uns vorgeht – emotionale Gewohnheiten, Neigungen und Abneigungen – initiiert einen Kampf zwischen Gegensätzen, zwischen Verhaltenseinheiten, die an unserer inneren Entwicklung zu arbeiten wünschen und solchen, die diese behindern. Wir können diesen inneren Kampf nur dann erkennen, wenn wir uns *nicht* mit jedem Gedanken, mit jeder Laune, mit jeder Vorstellung, die andere von uns haben könnten, mit jeder Art von Selbstrechtfertigung identifizieren.

Solange ein Mensch sich als Einheit sieht, wird er sich niemals wandeln. Die Umwandlung des Menschen setzt voraus, daß er die Gegensätze und Widersprüche in sich erkennt.

Die Erkenntnis der Gegensätze und Widersprüche wird durch die »Puffer« und »Schranken« erschwert, die der Mensch im Laufe eines falschen und oberflächlichen Lebens, durch Nachsicht gegenüber jeder Art von Schwäche, durch Schlaf, Ignoranz, Mangel an Anstrengung, Selbsttäuschung, Selbstrechtfertigung, innere Leere usw. aufgebaut hat. Die schlimmste Pein bereitet dem Menschen sein *Gewissen.* Beim Zusammentreffen verschiedener, sich widersprechender Kenntnisse oder Werte, also dem Phänomen des »gleichzeitigen Wissens« (conscientia, syntäräsis, syn-eidesis oder syn-esis) entsteht ein Hin- und Hergerissensein, eine innere Unruhe.[3]

Durch diesen »Gewissensbiß«-Zweifel, den man nur durch ein ausgeglichenes Gewissen beseitigen kann, entsteht ein starker Impuls zur Wandlung des Menschen. Denn Verdrängungen oder einseitige Unterrichtung helfen nur wenig dagegen.

»Puffer« und »Schranken«

Wenn ein Starker nicht an sich arbeitet, wird er bald erschlaffen.

Mo Ti

Durch Erlebnisse, die den Menschen in seiner Persönlichkeit erschüttern, wird plötzlich der Gegensatz offenkundig zwischen dem Bild, das der Mensch bisher von sich hatte, und dem wahren Zustand seiner dominierenden Verhaltenseinheiten; dadurch entsteht ein mächtiger Impuls, der die Arbeit an sich selbst in Richtung einer wirklichen und dauerhaften Wandlung des Menschen vorantreiben kann.

»Nur wenn der Mensch des Äußeren beraubt wird wie Winter, besteht Hoffnung, daß sich ein neuer Frühling in ihm entwickelt«, sagt Rumi.

»Puffer« und »Schranken«, die vom Leben graduell und ungewollt geschaffen werden, hindern uns, die Widersprüche in uns zu sehen und das Gewissen zu fühlen. So bestehen zum Beispiel starke »Puffer« zwischen unseren Neigungen und Abneigungen, zwischen angenehmen Gefühlen gegenüber bestimmten Mitmenschen und unseren unangenehmen Gefühlen. Viele Menschen besitzen weder genügende Vorausschau, Wahlfähigkeit und Erziehung noch Selbstbeobachtung und Selbst-Erinnerung, um die »Puffer« und »Schranken« zu durchbrechen. Sie brauchen also so etwas wie Verstärker für sie, nämlich Schocks. Nur Schocks führen einen Menschen aus seinem gegenwärtigen Zustand heraus. Wenn wir etwas über uns selbst einsehen, erleben wir einen Schock; das Vorhandensein der »Puffer« und »Schranken« in uns hindert uns jedoch, etwas zu unternehmen; »Puffer« und »Schranken« machen das Leben in der Tat leichter. Wenn aber einmal »Puffer« und »Schranken« durchbrochen sind, können sie sich nicht mehr neu bilden.

Je mehr wir uns selbst beobachten, desto besser erkennen wir die »Puffer« und »Schranken« in uns selbst: Wir erfassen die Möglichkeit der Einheit von Wissen und Sein und entwickeln ein *inneres Vorgefühl* hinsichtlich der möglichen Qualität unseres inneren Zustandes. Unser Einsichtsgewissen kann uns deshalb einen wesentlichen Impuls geben, um unserer inneren Wandlung willen negative Emotionen zu vermeiden.

Wenn wir uns selbst zu beobachten beginnen, erkennen wir, daß uns die vielen erworbenen Einstellungen, Meinungen und Ansichten nirgends hinführen und uns keinen inneren Frieden und keine innere Entwicklung geben; diese können nur durch die Arbeit an uns selbst gewonnen werden. Die Erhöhung unseres Bewußtseins befähigt uns, *hinter* der Fassade unserer falschen Persönlichkeit zu stehen; wir erkennen, daß sie lediglich unsere eigene Erfindung ist.

Die Einstellungen werden durch die äußeren Einflüsse des Lebens erworben, durch Erziehung, Religion, gesellschaftliche Position, Vorurteile, durch das Land, in dem wir leben, usw. Durch Identifikation *werden* wir nach M. Nicoll die erworbenen Einstellungen. Eine der Aufgaben der Arbeit an uns selbst ist es, uns von diesen erworbenen Einstellungen zu befreien. Wir können uns nicht ändern, wenn wir nicht unsere Einstellungen ändern. Dazu

ist es notwendig, die Resultate unserer Einstellungen zu beobachten: wenn wir intolerant oder überrascht sind, wenn wir über andere urteilen u. dgl. mehr.
Wir müssen unser Leben kreativ und hilfreich gestalten. Wenn wir einen Bewußtseinszustand erreicht haben, in dem unser Wissen mit unserem Sein in Einklang steht, leben wir in der Welt und stehen doch über ihr, ohne von weltlichen Problemen berührt zu werden.
»Das Elitebewußtsein ist das Bewußtsein der Selbsttranszendenz: die Bereitschaft, harte Anforderungen an sich selbst zu stellen und Wachstum zu wagen, vor allem aber die Bereitschaft, auf Macht zu verzichten.«[4]

Der Konflikt zwischen der Entwicklung der Persönlichkeit und dem Wachstum des Wesenskerns

Strebe in allen Lebensumständen stets danach, das Nützliche für die anderen mit dem Angenehmen für dich selbst zu verbinden.

Nasreddin

Mit M. Nicoll läßt sich zusammenfassend sagen[5]:
(1) Der Mensch besteht aus Wesenskern und Persönlichkeit.
(2) Er wird als Wesenskern geboren und hat keine Persönlichkeit.
(3) Der Wesenskern wächst langsam und wird in der frühen Jugend von der Persönlichkeit eingehüllt.
(4) Die Alternative besteht zwischen der Entwicklung des Wesenskerns oder der Entwicklung der Persönlichkeit; inneres Wachstum bedeutet Wachstum des Wesenskerns.

(5) Im Leben des durchschnittlichen Menschen wird die Persönlichkeit aktiv und, als Folge, der Wesenskern passiv; die Persönlichkeit herrscht im normalen Leben vor, so daß der Wesenskern unterentwickelt bleibt. Es ist deshalb notwendig, die Illusionen abzulegen, die wir über uns und über die Welt aufgebaut haben. Solange wir voll von Illusionen und Vorurteilen sind, kann sich der Wesenskern nicht entfalten. Eines der schlimmsten Dinge ist es, in kleinen Angelegenheiten überskrupelhaft zu werden, denn dadurch machen wir einen Teil wichtiger als das Ganze; wir folgen, mit anderen Worten, unserer kleinsten Teilpersönlichkeit.

(6) Ziel der Arbeit an sich selbst ist es, diesen Zustand im Menschen umzukehren und den Wesenskern zu veranlassen, aktiv zu werden. Dies erfordert bewußte Anstrengungen, vor allem aber einen Kampf gegen unsere Hauptschwäche. Wenn dieser Zustand erreicht ist, herrscht der Wesenskern über die Persönlichkeit; die Bewußtseinserweiterung setzt diesen Zustand voraus.

(7) Das Leben und die Welt halten die Persönlichkeit aktiv und den Wesenskern passiv. Wenn der Gegensatz zwischen den Bedingungen der äußeren Welt und den Bedingungen der Arbeit an sich selbst klar erkannt wird, kann durch bewußte Anstrengungen der Wesenskern aktiv und die Persönlichkeit passiv werden. Auf diese Weise arbeitet der Mensch für seine eigene, unabhängige Individualität; er gewinnt mit anderen Worten, die innere Freiheit, die ihn befähigt, sein eigenes Schicksal zu bestimmen.

Wenn man auf dem Weg der Selbstentfaltung vorankommen will, darf man sich nicht aufregen, wenn man im äußeren Leben für einfältig und unbeholfen gehalten wird. Epiktet sagt: »Es ist nicht leicht, seine naturgemäße Haltung zu bewahren und auch dem gewöhnlichen Leben zu genügen. Es gibt nur ein Entweder-Oder; wer sich um das eine kümmert, der muß das andere lassen.«[6]

Der innerlich freie Mensch erfüllt alle seine Pflichten auf eine professionelle und verantwortliche Weise, glaubt jedoch nicht an das Leben; er sieht das Leben und seine Ereignisse nicht als Ziel, sondern als Mittel der Arbeit an sich selbst. Pflicht ist das, was ein guter Mensch tut, wenn er, wie S. Vivekananda es ausdrückt, dem Diktat seines Gewissens folgt und keinem Wesen Leid zufügt.

Ein sinnvolles, erfülltes Leben verlangt bewußte Anstrengungen nach zwei Richtungen: wir müssen einmal unseren Pflichten in der äußeren Welt nachkommen, darüber hinaus aber versuchen, den Sinn und die Bedeutung unseres Lebens zu erfahren. »Es ist eine traurige Tatsache«, sagt W. J. Welch, »daß unsere gesellschaftliche Umwelt nicht mehr ist, als die massive Projektion der Äußerungen der Schlafwandler, aus denen sie sich zusammensetzt. Bevor nicht einige ihrer Mitglieder aufwachen, ist es naiv, sich einzubilden, daß das öffentliche Leben eine Bewußtseinsebene aufweisen kann, die im privaten Leben derjenigen nicht existiert, deren Reflexion es ist. Dies ist entweder der Rat der Verzweiflung oder unsere letzte Hoffnung, je nachdem, wie wir uns selbst sehen und was wir als den Sinn und die Verpflichtung unseres kurzen Lebens auf diesem Planeten ansehen.«[7]

Anmerkungen:

[1] Die Ausführungen folgen P. D. OUSPENSKY, *Auf der Suche nach dem Wunderbaren,* a. a. O., S. 186 ff.
[2] Vgl. hierzu J. VAYSSE, *Toward Awakening,* a. a. O., S. 8 ff.
[3] Vgl. hierzu E. WALESCA TIELSCH, *Epikurs Theorie vom privaten und sozialen Glück des Menschen.* In: G. BIEN (Hrsg.), *Die Frage nach dem Glück,* Stuttgart-Bad Cannstatt 1978, S. 59–76.
[4] Th. ROSZAK, *Mensch und Erde auf dem Weg zur Einheit,* München 1982, S. 121.
[5] Vgl. M. Nicoll, *Psychological Commentaries on the Teaching of Gurdjieff & Ouspensky,* Bd. 5, a. a. O., S. 1611 ff.
[6] Epiktet, *Handbüchlein der Moral,* Stuttgart 1978, S. 27.
[7] W. J. Welch, What Happened in Between, New York 1972, S. 208.

7. Die Überwindung negativer Emotionen

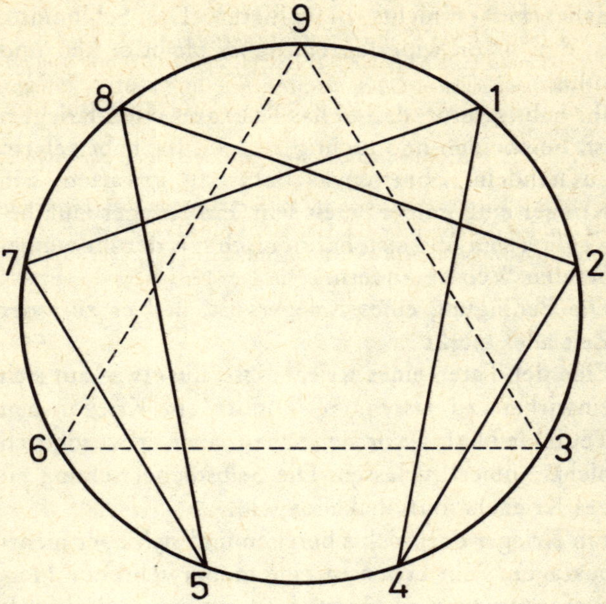

Bilderläuterung: 1 = Die Vielzahl der Verhaltenseinheiten in der Persönlichkeit des Menschen; 2 = Selbstbeobachtung und Selbsterinnerung; 3 = *Die Erkenntnis der Lage;* 4 = Der Wesenskern des Menschen; 5 = Die Arbeit an sich selbst; 6 = *Die Erkenntnis des Gegensatzes;* 7 = DIE ÜBERWINDUNG NEGATIVER EMOTIONEN; 8 = Die Ablehnung der Identifikation; 9 = *Die Wandlung des Menschen*

- Negatives Denken
- Innere Trennung
- Die Änderung des inneren Zustandes
- Die Unnotwendigkeit negativer Emotionen

Ein Krieger muß ruhig und gesammelt sein, und er darf niemals die Nerven verlieren.
Ein Krieger betrachtet sich als bereits gestorben, daher hat er nichts zu verlieren. Das Schlimmste ist ihm schon widerfahren, daher bleibt er klar und ruhig.
Ihr habt gelernt, daß es das Rückgrat eines Kriegers ist, bescheiden und tüchtig zu sein. Ihr habt gelernt zu handeln, ohne etwas dafür zu erwarten. Ein Krieger muß immer bereit sein. Ein Krieger muß beweglich sein und sich harmonisch mit der ihn umgebenden Welt verändern.
Die Bedingung eines Kriegers ist, daß er zu jeder Zeit alles merkt.
Eine der Taten eines Kriegers ist, nie etwas auf sich einwirken zu lassen. So könnte ein Krieger den Teufel leibhaftig vor sich sehen, aber er würde sich nichts anmerken lassen. Die Selbstbeherrschung eines Kriegers muß makellos sein.
Ein Krieger darf nichts bereuen und sich über nichts beklagen. Sein Leben ist eine immerwährende Herausforderung, und Herausforderungen sind niemals gut oder schlecht. Herausforderungen sind einfach Herausforderungen.
Du verstehst also, daß es nicht nur dumm und verschwenderisch ist, dich gehenzulassen und deinen kleinen Marotten zu frönen. Ein Krieger, der sich erschöpft, kann nicht überleben.

C. Castenada

Gib den äußeren Schein und das unnütze Streben auf, denn all das fördert dich nicht selbst.

Laotse

Der nächste Schritt betrifft das Nicht-Ausdrücken negativer Emotionen. »Negative Emotionen« sind alle Gefühle der Angst, der Eitelkeit, der Überlegenheit, des Machtstrebens, des »Recht-behalten-Wollens«, der Selbstzentriertheit, der Ungeduld, der Selbstliebe usw. und umfassen viele Faktoren, die die menschlichen Handlungen motivieren; sie stammen aus uns selbst und sind deshalb negativ, da die in der Folge beispielhaft angegebenen Emotionen ohne positive Attribute sind:

- Angst, Depression, Verzweiflung, Unzufriedenheit u. ä. m.,
- Ressentiment, Irritabilität, Enttäuschung u. ä. m.,
- Haß, Aggressivität, Neid, Eifersucht, Mißgunst, Trägheit usw.,
- Nicht-Ertragen der unangenehmen Äußerungen unserer Mitmenschen, persönliche Kleinlichkeit, Stumpfheit, Oberflächlichkeit usw.,
- Machtstreben, Selbstliebe, Selbstsucht, falscher Stolz, Egoismus, Prahlerei u. ä. m.
- Selbstmitleid, Selbstrechtfertigung, Selbsttäuschung, Selbstsuggestion usw.

Positive Emotionen dagegen sind: Selbstlosigkeit, Selbstbeherrschung, Großzügigkeit, Opferbereitschaft, Verzicht, Heiterkeit, Gelassenheit, Güte, Eigenbeweglichkeit, Spontaneität, Selbstkontrolle, Demut, Bescheidenheit usw.

Negative Emotionen sind die Eigenschaften, die wie jede Art von Egoismus, Selbstliebe, Eitelkeit, Dünkel, Schmeichelei und alles, was wir als wesentliche

Charakterfehler ansehen, zu allen Zeiten übereinstimmend als des Menschen unwürdig betrachtet werden. Die Angst ist der größte aller Feinde, ohne Angst zu sein, ist die erste Stufe auf der Leiter zur Freiheit. Wenn wir unserer Wesensnatur gewahr werden und unsere Identifikationen überwinden, sind wir frei von Angst. Es ist nutzlos, unter dem Druck der Angst zu leben, und es bringt keine Freude, vor jedem Schritt im Leben Angst zu haben. Wenn wir der Angst, die unserer Einbildung entspringt, nicht bewußt begegnen, stärken wir sie. Nicht-Identifikation und Selbsterinnerung geben uns die innere Stärke, die uns angstlos macht. »Tue im Leben nichts«, sagt Epikur, »was dir Angst einflößen würde, wenn dein Nachbar davon erführe.« Negativ sein heißt passiv sein, wenn man aktiv sein sollte. Das Nicht-Ausdrücken negativer Emotionen wird dann produktiv, wenn es von der Anstrengung der Selbst-Erinnerung begleitet ist. Nur wenn wir uns im Zustand der Selbst-Erinnerung befinden, lassen sich negative Emotionen in positive Emotionen umwandeln. Die Negativität ist ein *minus* in bezug auf jede potentielle Tätigkeit. Wir sind die Sklaven unserer negativen Emotionen. Können wir von Freiheit sprechen, meint S. Vivekananda, wenn wir die Sklaven der Sinne, des Zornes, der vielen negativen Emotionen oder Gefühle sind, mit denen wir jeden Tag unseres Lebens anfüllen?

Negative Emotionen sind nutzlos und zerstörerisch; sie entspringen der *Identifikation*, das heißt unserer Unfähigkeit, uns von Gegenständen, Emotionen oder Leuten um uns herum zu distanzieren; sie können daher beseitigt werden, sobald wir sie bemerken und uns an uns selbst erinnern.

Von den Angriffen negativer Emotionen sind wir nur dann sicher, wenn wir uns im Zustand der

Selbst-Erinnerung befinden. Die Schwierigkeit in der Überwindung negativer Emotionen liegt in der Anfangsanstrengung. Ein altes Sprichwort sagt: »Wenn man einmal etwas auf die Schulter genommen hat, wird es das leichteste Ding in der Welt.« Wenn wir in der Arbeit an uns selbst fortschreiten wollen, müssen wir die negativen Emotionen, die unsere Persönlichkeit ausmachen, aufgeben. Die Passivierung der Persönlichkeit ist Voraussetzung für das Entstehen eines permanenten »Ichs«.

Negative Emotionen sind deshalb nutzlos und zerstörerisch, weil sie Hindernisse schaffen. Durch Mangel an Aufrichtigkeit, Ehrlichkeit, Wahrhaftigkeit, Glauben und Entschlossenheit werden wir nicht das, was wir sein können. Wir projizieren unsere Schwächen nach außen und denken, daß die Dinge der Welt die Quellen unserer Hindernisse sind.

Ein höherer Bewußtseinsgrad kann nur dann erreicht werden, wenn wir unsere negativen Emotionen überwinden und die Handlungen nicht tun, die nicht im Einklang mit unserem Gewissen stehen. Das Gewissen ist unser bester Führer. Negative Emotionen dienen keinem nützlichen Zweck. Wir verwenden sehr viel Zeit auf die Erfindung vieler Arten von fiktiven zukünftigen Unglücken, die in uns unnötige Angstzustände hervorrufen und Energie verbrauchen.[1]

Innere Trennung

Man kann nicht zwei Ziele mit einem Pfeil treffen.
Arabisches Sprichwort

Wir ändern uns nie, wenn wir zu jeder Teilpersönlichkeit »Ich« sagen. Eine Teilpersönlichkeit kann sehr früh in unserem Leben entstanden sein und auch unter geänderten Umständen weiterhin in uns bestehen. Wenn wir uns von dieser Teilpersönlichkeit nicht trennen, sind wir die Gefangenen anachronistischer »Ichs«, die der Vergangenheit angehören. Die ruhige und distanzierte Beobachtung dieser nicht mehr gültigen und anderen Situationen zugehörenden Teilpersönlichkeiten läßt uns sagen: »Ich bin nicht dieses ›Ich‹ oder ›Das bin nicht ich‹«; dadurch, daß wir uns nicht länger mit Teilpersönlichkeiten identifizieren, verlieren sie ihre Macht über uns.

Ein Mensch ändert sich nicht, solange er sich als Einheit sieht. Ein Wandel ist erst dann möglich, wenn er sich selbst in zwei Teile, in einen *beobachtenden* und einen *beobachteten* Teil – ein beobachtendes »Ich« und die anderen Teilpersönlichkeiten – teilt. Dieser Vorgang kann als *innere Trennung* bezeichnet werden. Wir brauchen ein »beobachtendes Ich«, das die vielen Verhaltenseinheiten in uns unparteiisch registriert. Wir können eine innere Trennung nur dann vornehmen, wenn wir nicht alles, was in unserem inneren Leben stattfindet, uns selbst zuschreiben. Die merkwürdigsten Gedanken und Einbildungen, die uns befallen, gewinnen Macht über uns, wenn wir zu ihnen »Ich« sagen, das heißt, wenn wir sie mit unserem Wesenskern gleichsetzen. Die innere Trennung verlangt eine Neuorientierung der Auffassung von uns selbst. Viele »Puffer« und Schranken in Form von Selbstliebe, Eitelkeit und dgl. mehr hindern uns, die Situation in uns so zu sehen, wie sie wirklich ist. Wir müssen versuchen, uns selbst unabhängig von dem eingebildeten Bild von uns selbst zu sehen. Die Einbildung ist auf einer Ebene und die Wirklichkeit auf einer anderen. Die Arbeit an sich selbst bedeutet unter anderem, die

Einbildung zu zerstören, die wirkliche Seite eines Menschen – seinen Wesenskern – aktiv werden und wachsen zu lassen, die falsche Persönlichkeit dagegen schwächen und passiv werden zu lassen[2]. Das kann dadurch geschehen, daß wir uns selbst beobachten und uns innerlich von unseren Reaktionen und Gewohnheiten distanzieren; wir trennen uns, mit anderen Worten, innerlich von all dem, wofür unser Name steht, identifizieren uns nicht mit den Teilpersönlichkeiten, aus denen wir bestehen und kämpfen mit unseren Gewohnheiten.

Die Änderung des inneren Zustandes

Die Perle kann ohne Reibung nicht zum Glänzen, der Mensch ohne Anstrengung nicht vervollkommnet werden.

Konfuzius

Aus negativen Emotionen kann man nichts lernen. Wir müssen uns von ihnen befreien – von jener Art von Erfahrungen, die wir machen, wenn etwa unsere Eitelkeit verletzt wird oder eine Welt für uns zusammenbricht. Wenn wir innerlich frei sind, können wir handeln, denken und fühlen, ohne von Gegenleistungen irgendwelcher Art abhängig zu sein. »Der Kampf gegen den Ausdruck unangenehmer Gefühle ist nicht nur eine sehr gute Methode zur Selbst-Beobachtung, sondern er hat gleichzeitig auch eine andere Bedeutung. Er ist eine der wenigen Richtungen, in denen ein Mensch sich oder seine Gewohnheiten wandeln kann, ohne dafür andere unerwünschte Gewohnheiten zu schaffen. Darum muß Selbst-Beobachtung und Selbst-Studium von Anfang an von einem Kampf gegen das

Äußern unangenehmer Gefühle begleitet sein.«[3] Die Vitalität eines Menschen hängt von seiner inneren Entwicklung ab, das heißt von der Qualität seines inneren Zustandes. Ist er voll von Angst, Selbstmitleid und anderen negativen Emotionen, kann nichts – mögen die äußeren Ereignisse noch so positiv sein – auf rechte Weise geschehen, weil er unfähig ist, die äußeren Ereignisse mit seinem inneren Zustand in eine entsprechende Beziehung zu setzen. In der Selbstbeobachtung vrsuchen wir, zwischen äußeren Ereignissen und inneren Zuständen zu unterscheiden und uns nicht mit den letzteren zu identifizieren. Wenn wir an diesen negativen Zuständen arbeiten und uns von ihnen distanzieren, können die unangenehmen Ereignisse oder Einflüsse des Lebens uns nicht berühren.

Wir müssen aufhören, innerlich Abrechnungen zu machen oder Bilanz zu führen: Wir überlegen, ob nicht dieser oder jener Mensch uns etwas schuldet, ob wir nicht von dieser oder jener Gruppe von Menschen ungerecht behandelt werden u. dgl. mehr. Es gilt, nicht länger als feststehend zu betrachten, daß die Welt, die Unternehmung, die anderen uns etwas schulden – Dank, Anerkennung usw. Wir sind in den Augen der anderen nicht so wichtig wie wir uns einbilden. Diese Feststellung ist eine heilsame Erfahrung, daß das, was die anderen über uns denken, nur einen geringen Bezug zu dem hat, was wir wirklich sind. Niemand kann uns nehmen, was wir sind; was dagegen die anderen uns nehmen können, sind unser falscher Stolz, unser falsches Bild von uns selbst, unsere Einbildungen, mit anderen Worten, all das, was unserer falschen Persönlichkeit entspringt.[4]

Da unser inneres Leben unser äußeres Leben anzieht, können wir durch Änderung unseres inneren

Zustandes nicht nur die Beziehung zu den Ereignissen der Außenwelt, sondern auch die Art der auf uns zukommenden Ereignisse beeinflussen; äußere Ereignisse lassen sich nicht direkt, sondern nur durch eine Änderung unseres inneren Zustandes beeinflussen, und zwar dadurch, wie wir auf sie reagieren.[5]

Die Geschichte des eigenen Lebens kann als die Geschichte unserer inneren Zustände, vor allem unserer negativen Emotionen, bezeichnet werden.

Negative Emotionen werden immer durch andere Personen verursacht; diese brauchen gar nicht anwesend zu sein – die Einbildung und/oder die Erinnerung an bestimmte Menschen können bereits zu einer negativen Einstellung führen.[6] Negative Emotionen verhindern, genauso wie die Identifikation, jede Evolution. Die Welt wird nicht so sehr vom Machtstreben, sondern viel mehr von negativen Emotionen beherrscht.

Ein Mensch mit negativen Emotionen erkennt sofort, was wir vernachlässigt oder falsch gemacht haben, nimmt aber nicht zur Kenntnis, was positiv ist. Seine negativen Emotionen geben ihm häufig ein subtiles und tiefes Wissen, das, weil es einseitig ist, jedoch immer falsch ist.

Je mehr wir uns mit dem Leben identifizieren, desto mehr fühlen wir, daß wir in unserer Existenz von äußeren Dingen abhängen. Je weiter außerhalb von uns unser Schwerpunkt liegt, zum Beispiel im Gewinn-, Besitz- oder Machtstreben, desto stärker sind wir an äußere Umstände gebunden und von diesen abhängig. Die Möglichkeit, die Basis der äußeren Ambitionen zu verlieren, führt bei vielen Menschen zu großen Angstgefühlen. Aus diesen Gründen beruht die innere Entwicklung auf einem Zustand des »Passivwerdens« gegenüber dem Leben und den Ansprüchen unserer Persönlichkeit. Diese Art, passiv zu werden gegenüber allem, was auf uns zukommt, hat nichts mit Quietismus, Nichtstun oder Resignation zu tun.

Die Unnotwendigkeit negativer Emotionen

Dem klugen Schützen gleicht der Edle. Verfehlt dieser sein Ziel, so wendet er sich ab und sucht die Ursache seines Fehlschusses in sich selbst.

Konfuzius

Wenn wir erkannt und verstanden haben, daß negative Emotionen nicht notwendig sind, daß sie unser Leben laufend komplizierter machen und die Ursache der vielen Mißverständnisse in den Beziehungen mit unseren Mitmenschen sind, wenn wir diese innere Wahrheit in uns selbst erfahren haben, werden wir in allen Situationen wissen, wie wir uns zu verhalten haben und Herr unserer selbst sein. Wenn wir negative Emotionen nicht ausdrücken und uns von ihnen trennen, werden wir schließlich keine mehr haben, und wir werden nicht mehr länger dieselben sein.
Jeder von uns muß für sich selbst verstehen, warum negative Emotionen, Selbstrechtfertigung, Lüge und Selbstbetrug, sich innerlich richten, Buch führen, was andere uns schulden, unnotwendig sind, warum egoistische Phantasien, Selbstmitleid und Selbstrechtfertigung, Haß, innerer Schlaf, Ignoranz, »Stoßdämpfer«, falsche Einstellungen und Selbstbildnisse, der ständige Vergleich mit unseren Mitmenschen, zu beseitigen sind, warum die falsche Persönlichkeit mit ihren Hauptmerkmalen – Stolz und Eitelkeit – geändert werden muß, warum die

Unwissenheit über sich selbst ersetzt werden muß durch wirkliche unkritische Selbsterkenntnis über Selbstbeobachtung, warum es notwendig ist, sich äußerlich zu richten und sich jederzeit an sich selbst und sein Ziel zu erinnern. Wenn wir einen höheren Bewußtseinszustand erreichen und uns von der zunehmenden Hypnotisierung durch das äußere Leben befreien wollen, *müssen wir lernen, auf eine neue Art und Weise zu denken* und unsere gewöhnlichen und starren Verhaltensmuster abzulegen und ein neues, unveränderliches »Ich« aufzubauen. Die Lösung liegt in uns. Jede negative Emotion ist unsere alleinige Schuld, denn bei genügendem Urteil und bei genügender Selbsterkenntnis, die jeder von sich verlangen darf, hätten wir sie vermieden.

Alle negativen Emotionen sind letzten Endes das Ergebnis der verletzten oder nicht befriedigten Selbstliebe. Wir können Gutes tun, die Wahrheit sprechen, aufrichtig sein und uns gerecht verhalten und uns dabei von der Selbstliebe, von der Suche nach Anerkennung, Ehre oder Gewinn, leiten lassen. Die Selbstbeobachtung ist ein Weg, um die Selbstliebe und ihre zwei Hauptaspekte – Stolz und Eitelkeit – zu überwinden. Die gesamte Wirtschaft beruht auf organisierter Selbstliebe.

Wenn der Mensch in seinem kleinen Ich aufgeht, findet er keine Zeit, seinen Charakter (= Wesenskern, A. d. V.) zu bilden; vergißt er sich aber selbst, so zieht er alles an, was gut und schön ist. Dies ist der Schlüssel zum ganzen Leben – sowohl zu weltlichem Erfolg, als auch zur Erreichung des geistigen Zieles.

I. Khan

In der ganzen Natur und im Menschenleben gibt es eine Erkenntnis von großer Wichtigkeit: »Es hat alles zwei Seiten, was ist, und auf dieser Polarität beruht eben das Leben. Das erkennt der Weise und nimmt dementsprechend die Notwendigkeit dieser beiden Seiten als etwas Gegebenes in sich herein und bejaht beide Seiten. So wahrt er sich davor, daß sie ihm von außen aufgezwungen werden. Er weiß, daß er nicht das eine haben kann, ohne daß er den Preis des anderen dafür bezahlt. Er weiß, daß es kein Glück gibt, das nicht erkauft ist durch ein Leid auf der anderen Seite, und daß es keine Offenbarung der Wahrheit gibt, ohne daß sich die Lüge dagegen aufbäumt. Diese Erkenntnis ist von großem Wert für alle Betrachtung des Lebens . . . Sie lehrt, alles Geschehen unter dem Gesichtspunkt der Ewigkeit betrachten und von da aus in seiner Notwendigkeit erfassen. Und diese Betrachtungsweise gewährt, wenn sie in der richtigen Weise gepflegt wird, eine große innere Ruhe.

Man gewöhnt sich die Aufregung ab, in der die Menschen leben, wenn sie immer auf die eine Seite sich gegenwärtig halten und erstreben.«[7] In jedem

Gewinn müssen wir den Verlust und in jedem Verlust den Gewinn erkennen. Jeder Stock hat zwei Enden, sagt ein turkmenisches Sprichwort. Die Menschen werden von negativen Emotionen umhergetrieben. Erst wenn man den Ewigkeitsstandpunkt erlangt hat, gelingt es, Herr der negativen Emotionen zu werden und diese Menschenfeinde zu fesseln.

Die Einnahme dieses Ewigkeitsstandpunktes bedeutet keineswegs Untätigkeit, die den Dingen ihren Gang läßt, ohne sich weiter darum zu kümmern. Es handelt sich vielmehr darum, die Grundlagen zu gewinnen, für ein richtiges, von Erfolg begleitetes Handeln. Dazu ist es nötig, daß man das seinem Wesenskern entsprechende schicksalmäßige Geschehen erfaßt und sein Handeln dem Schicksal anpaßt oder, soweit es möglich ist, durch die Ausbildung seines Wesenskerns und durch sein Handeln sein Schicksal selbst gestaltet. Für dieses Wirken ist es notwendig, die vielen Teilpersönlichkeiten in seiner Persönlichkeit und das Schicksal in seiner Entwicklung zu kennen.

Hier ist die prinzipielle Schwierigkeit, daß wir handeln müssen und dadurch eine Zukunft für uns bereiten helfen, ohne daß wir die Bedingungen und Verhältnisse des Schicksals kennen, unter denen unsere Handlungen ihre Früchte bringen werden. Derselbe Mann, der als großer Unternehmer begrüßt wird, wenn seine Pläne gelingen, weil sie seiner Zeit entsprechen, wird als Versager verurteilt, wenn sie, weil unzeitgemäß, mißlingen.[8] Lebensweisheit besteht eben darin, daß es für den Weisen nichts gibt, das er unter allen Umständen tut oder nicht tut, sondern in seinem Tun und Nichttun wandelt er sich nach den Erfordernissen der Zeit. Das ist nicht Schwäche oder Opportunismus, sondern durch

diese Anpassung an die Forderungen der Zeit bekommt er gerade die Kraft, im Wandel der Zeiten seine innere Freiheit zu wahren.
Es ist ein Zeichen innerer Entschlossenheit, den eigenen Wesenskern nach Möglichkeit dadurch zu wahren, indem man ihn in Übereinstimmung mit dem Zeitsinn bringt. Wenn aber der Punkt gekommen ist, wo man entweder den eigenen Wesenskern aufgeben müßte oder sich in Widerspruch setzen muß mit dem Zeitsinn, dann heißt es: makellos handeln! Der Philosoph Mong Ko sagte einmal:[9] »Ich liebe Fische und ich liebe Bärentatzen. Wenn ich aber nicht beides zugleich haben kann, so lasse ich die Fische fahren und halte mich an die Bärentatzen. Ich liebe das Leben und ich liebe die Pflicht. Wenn ich aber nicht beides zugleich haben kann, so lasse ich das Leben fahren und halte mich an meine Pflicht.«
Wer den Ewigkeitsstandpunkt einnimmt, läßt sich durch Umstände und äußere Bedingungen nicht manipulieren; er nimmt die Dinge nicht mehr als das, was sie auf den ersten Blick erscheinen: Was ein Problem zu sein schien, wird zu einer großen Herausforderung, und was ein Fehlschlag zu sein schien, erweist sich plötzlich als ein Erfolg. Die Folge der Einnahme des Ewigkeitsstandpunktes ist die Freiheit von negativen Emotionen – und diese Freiheit ist die Voraussetzung für jede innere Entwicklung.

Anmerkungen:

1 Instinktive Angst ist positiv zu beurteilen, wenn sie in Augenblicken der Gefahr Reaktionen bewirkt, die unter Umständen das Leben retten können. Die meisten Dinge, vor denen wir Angst haben, treffen niemals ein und sind lediglich die Ergebnisse unserer Einbildung.

2 Vgl. hierzu M. NICOLL, *Psychological Commentaries on the Teaching of Gurdjieff & Ouspensky,* Band 1, a. a. O., S. 62 ff. und S. 221 ff.

3 P. D. OUSPENSKY, *Auf der Suche nach dem Wunderbaren,* a. a. O., S. 163.

4 Vgl. hierzu H. BENJAMIN, *Basic Self-Knowledge.* 6. Auflage, New York 1980, S. 72 ff.

5 Vgl. hierzu ausführlich M. NICOLL, *Psychological Commentaries on the Teaching of Gurdjieff & Ouspensky,* Band 1, a. a. O., S. 16 ff.

6 Im Unterschied zu den anderen negativen Emotionen muß die *Depression* ihre Ursache nicht in anderen Personen haben. Sie ist nicht nur darauf zurückzuführen, daß die Hoffnung und der Glaube an die Zukunft verloren gegangen sind; sie entsteht häufig auch dann, wenn keine Anstrengungen irgendwelcher Art unternommen werden, um das Bild das jemand von sich hat, mit der Wirklichkeit in Einklang zu bringen. Die Depression läßt sich in vielen Fällen durch eine bewußte Anstrengung der Selbsterinnerung überwinden.

7 R. WILHELM, *Chinesische Lebensweisheit,* a. a. O., S. 86–87.

8 Vgl. hierzu R. WILHELM, *Chinesische Lebensweisheit,* a. a. O., S. 90 ff.

9 Zitiert aus R. WILHELM, *Chinesische Lebensweisheit,* a. a. O., S. 103.

8. Die Ablehnung der Identifikation

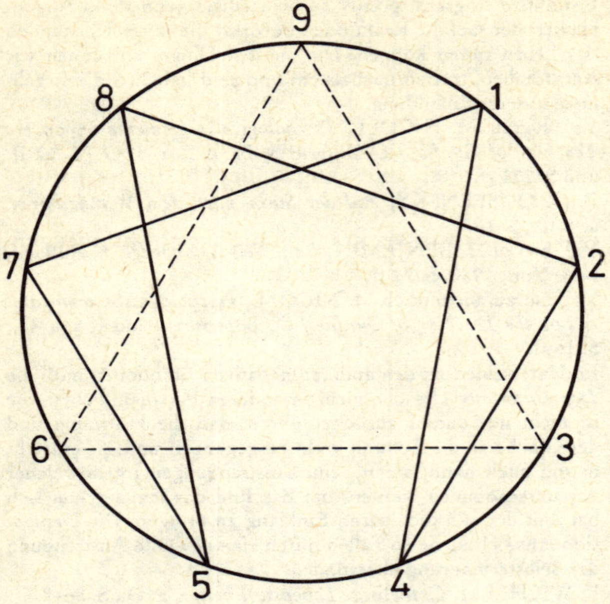

Bilderläuterung: 1 = Die Vielzahl der Verhaltenseinheiten in der Persönlichkeit des Menschen; 2 = Selbstbeobachtung und Selbsterinnerung; 3 = *Die Erkenntnis der Lage;* 4 = Der Wesenskern des Menschen; 5 = Die Arbeit an sich selbst; 6 = *Die Erkenntnis des Gegensatzes;* 7 = Die Überwindung negativer Emotionen; 8 = DIE ABLEHNUNG DER IDENTIFIKATION; 9 = *Die Wandlung des Menschen*

- Der Begriff der Identifikation
- Die Folgen der Identifikation
- Die Überwindung der Identifikation
- Nicht-Identifikation ist nicht Indifferenz
- Sich innerlich richten
- Sich äußerlich richten
- Positives Denken

Dem Tapferen sind Glück und Unglück wie seine rechte und linke Hand, er gebraucht sie beide.

Katharina von Siena

Der Begriff der Identifikation

Unruhe ist immer sinnlos. Sie bringt keinerlei Nutzen. Wenn auch alles zugrundegeht und einstürzt und alle Dinge der Reihe nach verkehrt und zuwider laufen, so ist es doch sinnlos, sich aufzuregen, da dies mehr schadet als hilft.
Alles mit ruhigem und friedlichem Gleichmut hinzunehmen, fördert nicht nur den inneren Gewinn, sondern läßt den Menschen auch in Schwierigkeiten richtiger urteilen und entsprechend handeln.

Juan de la Cruz

Identifikation ist der Vorgang der Bindung an einen anderen Menschen, an einen Gegenstand usw., so daß man sich in ihn hineinversetzt und in ihm aufgeht.
Ein Mensch kann sich mit allem identifizieren – mit der Rolle in der Gemeinschaft, mit einem Ideeninhalt, mit einer unangenehmen Emotion, mit einem Betrieb oder Beruf, mit seiner Schule, Geburtsstadt, dem Vaterland, einer Situation u. a., durch »Aufrichtung des Objektes im Ich«, wie S. Freud den Vorgang beschrieb. Auch persönliche Idealbildungen kommen durch Identifikation zustande.
Der Mensch identifiziert sich mit allem: mit dem, was er sagt, was er fühlt, was er glaubt, was er nicht glaubt, was er wünscht, was er nicht wünscht, womit er sich beschäftigt, was ihn anzieht, was ihn abstößt. Er wird das, womit er sich identifiziert. Im Zustand der Identifikation ist der Mensch unfähig, sich gesondert vom Objekt seiner Identifikation zu

sehen und seine mechanischen Reaktionen zu kontrollieren.[1]
Die Identifikation macht uns schwach, unwissend und unfähig, einen höheren Bewußtseinszustand zu erreichen. Wenn wir uns von der Identifikation frei gemacht und unsere Wünsche auf die innere Entwicklung gelenkt haben, sind wir frei von den Bindungen der Illusion. Je geringer die Identifikation ist, desto größer ist unsere innere Stärke, desto mehr sind wir Herr unserer selbst.

Die Folgen der Identifikation

Fühlst du dich von jemand beleidigt, dann stellst du dich geistig unter ihn.

Chinesisches Sprichwort

In der Identifikation vergessen wir uns selbst, indem wir uns in den großen oder kleinen Problemen verlieren, mit denen wir gerade konfrontiert werden. Unser Interesse und unsere Aufmerksamkeit werden von jedem einzelnen Problem gefangen, und wir vergessen darüber die wirklichen Ziele, die wir uns gesetzt haben. Die Stärke der Identifikation ist eine Funktion des Interesses, das das Ereignis hervorruft. Sobald etwas geschieht und unser Interesse weckt, identifizieren wir uns mit diesem Ereignis, bis ein anderes Ereignis stattfindet und unsere Aufmerksamkeit anzieht, mit dem Ergebnis, daß wir von äußeren Ereignissen geleitet sind.
Die mächtigste, aber auch die am wenigsten sichtbare Identifikation ist die Identifikation mit dem Bild, das wir uns von uns selbst gemacht haben, und mit den verschiedenen »Ichs« oder Teilpersönlichkeiten, aus denen unsere Persönlichkeit besteht.

Solange ein Mensch nicht erkennt, daß er keine Einheit ist, sondern aus vielen Verhaltenseinheiten besteht, wird er sich immer mit sich selbst, mit dem, was er tut, denkt und fühlt, identifizieren. In einem solchen Zustand ist die Evolution des Menschen nicht möglich. Die vielen Verhaltenseinheiten oder »Ichs« lassen sich unterschiedlichen »Teilpersönlichkeiten« in uns zuordnen: Wir haben eine Persönlichkeit in der Gesellschaft, eine andere im Beruf, eine dritte zu Hause und so fort. Jede dieser »Teilpersönlichkeiten« setzt sich aus einer Vielzahl von »Ichs« zusammen, die wir durch unsere Erziehung und Ausbildung, durch Lebenserfahrungen, Imitation usw. erworben haben.

Wenn wir uns mit unserem Beruf, mit unserer Abstammung und Vergangenheit oder mit was immer es sein möge, identifizieren, erreichen wir niemals ein inneres Gleichgewicht oder innere Ausgewogenheit. Der ausgewogene Mensch ist fähig, zu erkennen, was es heißt, nicht mit seinem Leben identifiziert zu sein.[2] Das Geheimnis der Arbeit an uns selbst besteht darin, uns nicht mit dem zu identifizieren, was wir im Leben sind. Wir müssen im Leben in der Lage sein, Distanz zu gewinnen, immer wieder von vorne zu beginnen.

Die Überwindung der Identifikation

Die Stellung gibt dir nie das Recht zu befehlen – nur die Schuldigkeit, so zu leben, daß andere deinen Befehl annehmen können, ohne erniedrigt zu werden.

Dag Hammarskjöld

Die Evolution des Menschen hängt davon ab, daß eine gewisse Anzahl von Verhaltenseinheiten oder

»Ichs« eine neue Position einnimmt und graduell die übrigen »Ichs« unter ihre Kontrolle bringt. Dies bedeutet einen inneren Kampf zwischen den unterschiedlichen Teilpersönlichkeiten; dieser Kampf gibt uns die Möglichkeit, uns von den falschen »Ichs« zu trennen. Dieser innere Kampf ist aber nur durch Selbstdisziplin und Arbeit an uns selbst möglich, denn das tägliche Leben ermutigt die falschen »Ichs« in unserer Persönlichkeit. Die neue Position, auf die sich die »Ichs«, von denen die Evolution eines Menschen abhängt, hinbewegen, liegt auf einer anderen Ebene: Wenn der Wesenskern wachsen soll, der von der Persönlichkeit umgeben ist, müssen die evolutionsbestimmenden »Ichs« eine zentralere Rolle im Menschen spielen und dürfen nicht in den Dienst der täglichen Anforderungen des gewöhnlichen Lebens gestellt werden. Es geht vor allem darum, den Hauptzug, der unsere Persönlichkeit bestimmt, zu erkennen.

Wir können der Identifikation nur dadurch entrinnen, daß wir uns laufend beobachten und bemühen, uns an uns selbst zu erinnern. Nur dadurch, daß wir gleichzeitig die Dinge, an denen wir haften, sehen oder fühlen *und* unseren Beobachterzustand erkennen, sind wir Herr unserer selbst und halten den Sinn eines einheitlichen und permanenten »Ichs« aufrecht. Gegen die liebgewordenen negativen Emotionen kämpfen wir dadurch am besten an, daß wir etwas – und sei es nur das »Ich«, das sie beobachtet – außerhalb dieses Aufgehens in ihnen halten. Das unwandelbare Selbst, der Wesenskern eines Menschen, ist das Ergebnis der bewußten Arbeit an sich selbst; dadurch, daß wir versuchen, objektiv und unparteiisch alle Teilpersönlichkeiten in uns, auch unsere kleinlichen und egoistischen »Ichs«, zu akzeptieren, können wir durch innere Disziplin zu wahrer Einheit, zu unserem Wesenskern durchstoßen. Unser Wesenskern läßt sich mit der Nabe eines Rades vergleichen, von der, wie die Speichen, alle unsere Tätigkeiten ausgehen. Die Erreichung einer wahren Einheit in einem Menschen setzt einen unwandelbaren Wesenskern voraus. Erst wenn wir die Eitelkeit und Selbstillusion unserer falschen Persönlichkeit abgelegt haben, kann die Wandlung der Menschen beginnen, kann der Durchstoß zum Wesenskern gelingen.

Nicht-Identifikation ist nicht Indifferenz

Der Niedrigdenkende wird immer versuchen, seine Fehler zu beschönigen.

Konfuzius

Nicht-Identifikation bedeutet nicht Indifferenz. Indifferenz oder Gleichgültigkeit ist einer der schlimmsten Zustände eines Menschen.
Stimmt uns jedes unangenehme Ereignis negativ? Identifizieren wir uns mit jeder Krisensituation? Erwarten wir, daß das Leben immer so ist, wie wir es uns wünschen? Führen wir innerlich Buch über die unangenehmen Manifestationen unserer Mitmenschen? Diesen unterschiedlichen Situationen, die das mechanische Leben in jedem Augenblick schafft, können wir wirksam durch Nicht-Identifikation begegnen. Wenn wir Herr unserer selbst sind, gewinnen wir Abstand und bewältigen diese Situationen auf eine bewußte und überlegene Art und Weise; wir werden auch andere Prioritäten unter den Ereignissen des Lebens setzen und erkennen, daß wir sie nicht immer in gleicher Weise be-

handeln müssen. Wir werden mitten im Leben bewußter leben.

Identifikation wird häufig mit Liebe verwechselt. Im Zustand der Identifikation werden wir jedoch selbstsüchtig an unserem eigenen Vorteil interessiert. Nicht-Identifikation bedeutet nicht Gleichgültigkeit oder Indifferenz, sondern aufrichtiger und selbstloser Dienst an einer Sache. Richtig verstanden, bedeutet Nicht-Identifikation Liebe und Einsatz. Nicht-Identifikation ist eine Frage der Selbstdisziplin. Mittels Nicht-Identifikation bleiben wir uns der Bedeutung und des Zieles unserer Existenz bewußt und erfüllen unsere Pflichten auf eine selbstlose Weise. Nicht-Identifikation bedeutet, mit anderen Worten, reine Motive oder Ziele sowie korrekte Mittel zu haben, seine Pflichten effizient und wirksam zu erfüllen und sich keine Sorgen über Erfolg oder Mißerfolg zu machen.

Es sind nicht die Handlungen, auf die wir verzichten sollten, sondern die Früchte der Handlungen; die Kunst zu leben, besteht darin, seine Pflichten professionell im Einklang mit seinem Gewissen zu erfüllen und sich nicht um die Früchte der eigenen Handlungen zu kümmern.

Nicht-Identifikation oder Nicht-Anhaften ist nicht gleichbedeutend mit Gleichgültigkeit, die eine negative Emotion ist; Nicht-Identifikation ist das Gegenteil von Gleichgültigkeit und bedeutet einen intensiveren Wachzustand und ein stärkeres Bewußtsein seiner selbst. Die Qualität unserer äußeren Arbeit steigt in dem Maße, in dem es uns gelingt, sie distanziert, aber professionell zu meistern.

Auch wenn wir es besser wissen, verteidigen wir uns selbst, wenn wir nicht in der Selbstbeobachtung die Hauptursachen der Identifikation – Eitelkeit und Selbstliebe – erkennen. Wir identifizieren uns mit

Meinungen, Gedanken, Gefühlen usw., die wir von anderen, von den Medien usw. übernommen haben. Wir sehen unsere negativen Emotionen häufig gar nicht, weil wir uns mit ihnen identifizieren und wir alles lieben, was unsere Eitelkeit bestärkt.
Der Mensch kann sich mit allen und mit jedem identifizieren: In einem Augenblick kann er Herr seiner selbst sein, bis plötzlich seine Aufmerksamkeit von etwas angezogen ist, in dem er ganz aufgeht; von diesem Augenblick an hört er auf, Herr seiner selbst zu sein. Wir identifizieren uns leicht und gehen im Laufe des Tages von einer Identifikation zu einer anderen über, daß wir es gar nicht bemerken, mit welch banalen Dingen wir uns identifizieren.
Die gefährlichste Identifikation ist nach A. Keyserling mit Amt und Stellung auf statische Weise mit dem Anspruch auf Anerkennung: Sie gilt es, in Meisterung der Vorgänge, der Tätigkeiten zu verwandeln, die im Bewußtsein aufeinander abgestimmt werden. Gegen die Identifikation angesichts einer Emotion, eines Gedankens, einer Situation ankämpfen, heißt, eine bewußte Anstrengung machen, Herr seiner selbst zu bleiben und das einheitliche und permanente »Ich« zu mehren.
Das Leben ist eine Reihe von Ereignissen. Wenn wir uns bewußt sind, wie mechanisch sie auf uns einwirken, gibt es nach M. Nicoll zwei Möglichkeiten, sie wirksam zu bewältigen:
(1) durch Nicht-Identifikation mit den Ereignissen oder
(2) dadurch, daß wir sie bewußt *wollen* und akzeptieren, wenn sie unvermeidbar sind.
Wenn wir uns mit einem Ereignis identifizieren, stehen wir unter der Macht dieses Ereignisses; wenn wir uns nicht damit identifizieren oder eine unver-

meidbare Aufgabe mit all unserem Engagement ausführen, sind wir von innen und nicht von außen gelenkt, und das äußere Leben hat keine Macht über uns. Häufig müssen wir versuchen, das zu wollen, was wir zu tun haben. Wir müssen zum Beispiel älter werden *wollen*, das heißt wollen, daß wir nicht mehr Berge besteigen, schwere körperliche Arbeit verrichten u. a. m. können wie in unserer Jugend; wir müssen die Tatsache wollen, nicht mehr diese Dinge tun zu können. Arbeit an sich selbst bedeutet häufig, bewußt zu wollen, was wir aus Notwendigkeit heraus zu tun haben.
Die Menschen wären von innen gelenkt, wenn sie sich nicht identifizieren würden, welchen Beruf sie auch immer ausüben und welche Möglichkeiten ihnen das Leben auch bietet. Das Leben stellt jedoch viele Fallen. Wir müssen uns zum Beispiel in unserem Beruf durchsetzen; wir haben die Bewährungsprobe erst bestanden, wenn wir uns vor den anderen ausgezeichnet haben. Wir unterwerfen uns den Einflüssen des Lebens, müssen uns jedoch vor Augen halten, daß es darüberhinaus noch eine andere Wirklichkeit gibt. Wir dürfen nicht die Gefangenen der Erfolge der Vergangenheit sein.

S. Vivekananda sagt, »daß wir Gutes nicht tun können, ohne gleichzeitig auch etwas Schlechtes zu begehen, und keine böse Tat auszuführen vermögen, die nicht auch etwas Gutes enthielte ... Jede Tat, die man für sich selbst tut, hinterläßt ihre Wirkung im Täter. Ist die Tat gut, so hat man die guten Folgen zu tragen, ist sie schlecht, so muß man die schlechten hinnehmen. Doch die Tat, die nicht um des Täters willen geschehen ist, wirkt nicht auf ihn zurück, mag sie sein, wie sie will.«[3] Die Lösung liegt in der Nicht-Identifikation, im Nicht-verhaftet-

Sein: Wir müssen in der äußeren Welt handeln so gut wir können; unser Handeln darf jedoch nicht unseren kleinen, selbstsüchtigen Ichs entspringen, es darf nicht um unserer selbst willen erfolgen. Es gilt, unserer Pflicht selbstlos und professionell zu erfüllen und den Früchten unserer Arbeit zu entsagen, indem wir uns nicht innerlich an sie binden.

Sich innerlich richten

Das beste Mittel, um im Leben glücklich zu sein, ist die Fähigkeit, sich stets äußerlich zu richten, nie innerlich.

G. I. Gurdjieff

»Sich innerlich richten« ist ein besonderer Aspekt der Identifikation, der die anderen betrifft. Der Mensch identifiziert sich mit dem Bild, das die anderen von ihm haben, mit der Art, wie sie ihn behandeln, mit dem, was sie über ihn denken; die Folge ist, daß er immer glaubt, nicht richtig geschätzt zu werden, er sich Sorgen macht und abmüht, das Urteil der anderen fürchtet, mißtrauisch wird, und somit Energie verliert, ohne vielleicht jemals ein schlechtes Wort über seine Mitmenschen gesagt zu haben. »Sich innerlich richten« bedeutet, nicht nur die Mitmenschen, sondern auch deren Ideen instrumentalisieren und häufig auch negieren. Der Sinn für unsere eigene Wichtigkeit läßt uns alles persönlich nehmen, als ob die Welt für uns, das heißt, für unsere vielen chaotischen und konfusen Verhaltenseinheiten oder »Ichs« geschaffen worden wäre.

Sich innerlich richten heißt, Anforderungen an die anderen zu stellen – auch wenn die Anforderungen verborgen bleiben und nicht nach außen gezeigt werden. Statt zu versuchen, unsere Mitmenschen zu verstehen, beschäftigen wir uns damit, ob sie uns verstehen. Wir *verlangen* sogar, daß sie uns verstehen und unser Leben dadurch leichter machen, daß sie unsere Schwierigkeiten verstehen. Diese Haltung ist ein großes Hindernis für das Wachstum unseres Wesenskerns; sie beruht entweder auf einem Mangel an Selbstvertrauen oder auf der Angst, die anderen werden nicht auf eine positive Weise auf das reagieren, was wir sagen oder tun.

»Diese Art, sich innerlich nach Personen und/oder Ideen zu richten, kann dadurch beseitigt werden, daß wir unsere Mitmenschen nicht nach den Projektionen unserer subjektiven Wünsche sehen, sondern nach dem, was sie sind, mit ihren wirklichen Grenzen und Qualitäten.

Es gibt verschiedene Arten des Sich-nach-jemand-Richtens.

In den häufigsten Fällen identifiziert sich ein Mensch mit dem, was andere über ihn denken, wie sie ihn behandeln, welche Haltung sie ihm gegenüber einnehmen. Er denkt immer, daß die Menschen ihn nicht genug achten, nicht genug höflich und zuvorkommend sind. All dies quält ihn und entwickelt in ihm eine mißtrauische und feindliche Haltung gegenüber den Mitmenschen, so daß er eine ungeheure Energiemenge auf Vermutungen und Verdächtigungen verschwendet. Wie jemand ihn ansah, was jemand von ihm dachte, was jemand über ihn sagte – all das gewinnt für ihn eine ungeheure Bedeutung.

Und er ›richtet sich‹ nicht nur nach einzelnen Menschen, sondern auch nach der Gesellschaft und nach historisch bedingten Verhältnissen. Alles, was einem solchen Menschen mißfällt, scheint ihm ungerecht, ungesetzlich, falsch und unlogisch zu sein. Und der

Ausgangspunkt seines Urteils ist immer der, daß diese Dinge verändert werden können und sollen. ›Ungerechtigkeit‹ ist eines der Worte, in denen sich sehr oft das ›Sich-Richten‹ verbirgt. Wenn ein Mensch sich über etwas empört, was seiner Überzeugung nach eine Ungerechtigkeit ist, dann würde das Aufhören des ›Sich-Richtens‹ für ihn bedeuten, ›sich mit einer Ungerechtigkeit abzufinden‹.
Es gibt Menschen, die sogar fähig sind, sich nicht nur nach der Ungerechtigkeit oder mangelnden Achtung seitens anderer zu richten, sondern die sich zum Beispiel sogar nach dem Wetter richten. Das scheint lächerlich, aber es ist eine Tatsache. Die Menschen sind imstande, sich nach dem Klima, der Hitze, Kälte, nach Schnee und Regen zu richten. Sie können durch das Wetter irritiert, ja unwillig und ärgerlich darüber werden. Der Mensch nimmt alles so persönlich, als sei alles in der Welt eigens angeordnet worden, um ihm Vergnügen zu machen, oder im Gegenteil, um ihm Unbequemlichkeiten und Unannehmlichkeiten zu bereiten.«[4]
Sich innerlich nach jemand oder etwas richten ist jene Haltung, die innere Sklaverei oder innere Abhängigkeit schafft. »Jemand sieht mich, wie ich meine, mißbilligend an«, sagt Gurdjieff. »Dadurch werden entsprechende Assoziationen in meinem Gefühl erweckt; wenn ich zu schwach bin, um von einer Reaktion abzusehen, bin ich über den anderen gelangweilt. Ich richte mich innerlich nach ihm und zeige, daß ich gelangweilt bin. So leben wir gewöhnlich; wir zeigen nach außen, was wir innerlich fühlen ...
Wir sollten versuchen, eine Trennlinie zwischen inneren und äußeren Auswirkungen zu ziehen. Äußerlich sollten wir uns häufig mehr als wir es heute tun richten: zum Beispiel höflicher zu den Mitmen-

schen sein als wir es gewöhnlich sind. Man könnte sagen, daß das, was bisher äußerlich war, innerlich sein sollte; und was innerlich war, sollte äußerlich sein. Unglücklicherweise reagieren wir immer. Warum aber sollte ich gelangweilt oder verärgert sein, wenn mich jemand mißbilligend ansieht? – oder wenn er mich überhaupt nicht sieht oder mich nicht beachtet? Es kann sein, daß er der Sklave der Meinung eines anderen ist; vielleicht ist er ein Automat, ein Papagei, der die Worte eines anderen wiederholt. Vielleicht hat ihn jemand verärgert. Und morgen kann er sich ändern. Wenn er schwach ist, und ich mich über ihn ärgere, bin ich noch schwächer ...

Es muß klar verstanden und zu einem Prinzip erhoben werden, daß man nie der Sklave der Meinungen der anderen werden darf; wir müssen von denen, die um uns herum sind, frei werden. Und wenn wir innerlich frei werden, werden wir von ihnen frei sein ...«

In gewissen Situationen kann es notwendig sein, vorzugeben, daß wir gelangweilt sind; daraus folgt nicht, daß, wenn jemand uns einen Schlag auf eine Wange versetzt, wir ihm immer die andere anbieten sollen. Es ist manchmal notwendig, auf eine Weise zurückzuantworten, daß der andere seine Großmutter vergessen wird. Wir dürfen uns dabei aber niemals innerlich richten. Wenn wir innerlich frei sind, kann es auf der anderen Seite vorkommen, daß, wenn uns jemand auf eine Wange schlägt, es besser ist, ihm auch die andere Wange hinzuhalten. Es hängt vom Typ der anderen Person ab; und häufig wird ein Mensch eine solche Lektion auch in hundert Jahren nicht vergessen. Manchmal sollten wir zurückschlagen und manchmal nicht. Ein Mensch kann nur dann wählen, wenn er innerlich frei ist.

Ein gewöhnlicher Mensch kann nicht wählen, er kann die Situation nicht rasch und unparteiisch beurteilen, da für ihn das Äußerliche sein Innerliches ist. Es ist notwendig, an uns selbst zu arbeiten, zu lernen, unparteiisch zu sein, jede Situation so zu erfassen und zu analysieren, als ob wir eine andere Person wären; nur dann können wir gerecht sein. Im Augenblick der Aktion gerecht zu sein ist hundertmal wichtiger als im nachhinein gerecht zu sein. Und nur dann, wenn wir wirklich unparteiisch uns gegenüber sein können, sind wir fähig, unparteiisch gegenüber den anderen zu sein ...

Um das zu erreichen, ist eine große Anstrengung notwendig. Ein freier Wille läßt sich nicht dadurch erhalten, daß man danach frägt; er kann auch nicht im Geschäft gekauft werden. Die unparteiische Handlung ist die Grundlage der inneren Freiheit, der erste Schritt in Richtung eines freien Willens.[5]

Wann ein Mensch etwas tun soll und wann er es nicht tun soll, kann nur vom Gesichtspunkt des Zieles aus entschieden werden. Wenn ein Mensch ein Ziel hat, dann »sollte« er nur das tun, was ihn zu seinem Ziel führt, und er sollte nichts tun, was ihn dazu hindert, seinem Ziel näherzukommen. Es gilt, die Worte und Werke der anderen danach zu beurteilen, wie sie uns in unserer persönlichen Entwicklung im Positiven oder Negativen anregen.

Sich innerlich richten ist, genau so wie die Identifikation und das Ausdrücken negativer Gefühle, eine Äußerung menschlicher Schwäche und der Unfähigkeit, Herr seiner selbst zu sein.

Die Selbstliebe und die Verteidigung des Bildes, das wir uns von uns machen, bestimmen die Beziehungen zu unseren Mitmenschen.

Sich innerlich richten ist, zusammenfassend, ein Zustand, in dem der Mensch vorwiegend mit dem beschäftigt ist, was die anderen über ihn denken und was er tun sollte, um nach dem Bild von sich selbst anerkannt und geschätzt zu werden, das er zu bieten wünscht. Da dieses Bild von sich selbst im allgemeinen idealisiert und übertrieben ist, denkt er, daß er nicht genügend geschätzt wird, daß sein wahrer Wert nicht anerkannt wird usw. All dies beschäftigt den Menschen und veranlaßt ihn, Zeit und Energien mit Vermutungen und Spekulationen zu verschwenden, die nur sein Selbstmitleid fördern. Die daraus resultierenden negativen Einstellungen verschlimmern die Situation. Die Furcht vor der öffentlichen Meinung ist das Dümmste, was es gibt, sagt H. Keyserling.

Das bedeutet nicht, daß es für einen Menschen im Leben nichts zu verteidigen gibt. Was es aber wirklich zu verteidigen gibt, zeigt sich erst mit der Entfaltung seines Wesenkernes und mit der Entwicklung eines höheren »Ichs«, das nichts mit den vielen Teilpersönlichkeiten oder mit dem Selbst-Bildnis eines Menschen zu tun hat.

Sich äußerlich richten

Geduld ist die Mutter des Willens.

G. I. Gurdjieff

Im Unterschied zum inneren Sich-Richten bedeutet das *äußere Sich-Richten* die Anpassung an Menschen, an ihre Auffassungen und Bedürfnisse. Sich äußerlich richten heißt, sich in die Lage der anderen versetzen. Dadurch, daß er sich äußerlich richtet, macht ein Mensch das Leben für sich und andere

Menschen leicht. Das äußere Sich-Richten erfordert große Menschenkenntnis und Selbstdisziplin.[6] Wenn ein Mensch sich wirklich seiner selbst erinnert, wird er verstehen, daß ein anderer Mensch genau so mechanisch reagiert wie er selbst; wenn er sich in seine Lage versetzen kann, wird er fähig werden, zu verstehen, was ein anderer Mensch denkt und fühlt, und seine Arbeit wird für ihn leichter werden.

Sich äußerlich richten bedeutet, sich in die Lage eines anderen versetzen; dies setzt eine *bewußte* Anstrengung voraus und ist eine Möglichkeit, sein Leben zu ändern. Sich äußerlich richten ist das Hauptinstrument, um negative Emotionen wirksam zu überwinden. Wenn wir uns *bewußt* in die Position eines anderen versetzen, was eine gelenkte Aufmerksamkeit voraussetzt, identifizieren wir uns nicht mit gewissen negativen Verhaltenseinheiten in uns.

Wenn wir uns äußerlich richten, denken wir an die anderen; wenn wir uns innerlich richten, denken wir nur an uns selbst und betrachten uns selbst als den Mittelpunkt des Universums. Sich äußerlich richten ist nicht Heuchelei, sondern eine Frage der inneren Einstellung. Wir müssen die unangenehmen Manifestationen der anderen ertragen und uns daran erinnern, daß die anderen unsere zu ertragen haben. Wir müssen uns, um mit Thomas von Kempen zu reden, bemühen, geduldig zu sein, indem wir fremde Fehler und Schwächen ertragen, denn auch wir haben vieles, was andere ertragen müssen. Mit Hilfe der bewußten Anstrengung des Sich-äußerlich-Richtens läßt sich die Ebene unseres Seins verändern.

Zu beachten ist, daß wir uns *innerlich* richten, wenn wir nach außen versuchen, das Verhalten eines anderen zu ändern, wenn wir denken, daß ein Mitmensch anders sein sollte. Sich-äußerlich-Richten bedeutet Anstrengung, geduldiges Verständnis und »alles für alle« sein zu können.

Um uns äußerlich richten zu können, müssen wir den anderen in seine Verhaltenseinheiten oder »Ichs« zerlegen. Dies setzt aber voraus, daß wir die verschiedenen »Ichs« in uns selbst erkennen. Wenn wir uns als Einheit sehen, werden wir niemals die vielen widersprüchlichen, chaotischen und unkoordinierten Verhaltenseinheiten der anderen sehen und auch nicht imstande sein, uns äußerlich zu richten. Man soll nie vergessen, daß jeder Mensch eine Vielfalt von Teilpersönlichkeiten ist und daß keine schlechte Eigenschaft die guten entwertet.

Die Forderung der Ehrfurcht verlangt, daß man niemandem schaden darf. Die Wahrheit, die einer nicht vertragen würde, darf man ihm deshalb nicht sagen! Hieraus folgt, daß nur der von Herzen Höfliche, der wesentlich Taktvolle, der sich in die Lage des anderen versetzen kann, das innere Recht hat, anderen gegenüber ganz wahrhaftig zu sein.[6]

Positives Denken

Dankbarkeit ist der Schlüssel zum Willen.

Rumi

»Betrachten wir zum Beispiel die Selbstliebe oder den falschen Stolz, der die Hälfte unserer Zeit und die Hälfte unseres Lebens einnimmt. Wenn jemand oder etwas an unsere Selbstliebe rührt, sind wir sofort und für eine lange Zeit getroffen; durch ihre Trägheit verschließen die verletzten Gefühle das Tor und lassen das Leben nicht herein. Das Leben ist draußen. Ich bin im Leben, wenn ich mit der Außenwelt verbunden bin. Wenn ich mir einbilde, daß das Leben nur in mir existiert, so ist das kein Leben. Ich kann nicht für mich allein leben, ich bin, wie jeder andere, mit der Außenwelt verbunden.« Gurdjieff sitzt zwischen zwei Russen, Merslukin und Ivanoff, und fährt fort: »Ich sitze zum Beispiel zwischen Merslukin und Ivanoff. Wir leben zusammen hier. Nehmen wir an, Merslukin nennt mich einen Dummkopf; ich beginne plötzlich, mich zu richten. Ich bin beleidigt und verletzt. Ivanoff blickt mich mißbilligend an, als ob er auf mich herabschauen möchte. Ich bin wieder getroffen, und zwar für eine lange Zeit. Ich richte mich innerlich und vergesse mich selbst. Und so ist es die ganze Zeit mit jedem. Sobald eine Erfahrung dieser Art verschwindet, tritt eine andere an ihre Stelle.

Wir dürfen nicht vergessen, daß unsere Maschine so konstruiert ist, daß es zur selben Zeit keine verschiedenen Orte für die unterschiedlichen Erfahrungen gibt. Es gibt nur *einen Platz* – er betonte dies ausdrücklich – wo eine Erfahrung stattfinden kann. Wenn dieser Ort durch eine Art von Erfahrung besetzt ist, und zwar durch eine unerwünschte, kann er nicht zur selben Zeit durch eine andere, wünschenswerte Erfahrung besetzt werden«.

Merslukin hat mich einen Dummkopf genannt. Warum sollte ich mich verletzt fühlen? Ich persönlich bin nicht verletzt – nicht weil ich keinen Stolz oder keine Selbstliebe habe; vielleicht habe ich mehr als jeder von ihnen; vielleicht ist es aber gerade mein Stolz, der es mir nicht erlaubt, zu fühlen, daß ich beleidigt worden bin. Ich denke darüber nach, ich versuche, es zu ergründen. Ich sage zu mir selbst: Wenn er mich einen Dummkopf genannt hat, folgt daraus, daß er weise ist? Vielleicht ist er selbst ein

Dummkopf. Er handelt wie ein Kind, und von Kindern kann man nicht erwarten, daß sie weise sind. Vielleicht hat jemand zu ihm über mich gesprochen und ihm dumme Ideen beigebracht. Um so schlimmer für ihn. Ich weiß, daß ich in diesem Fall kein Dummkopf bin und deshalb bin ich nicht beleidigt. Wenn mich ein Dummkopf einen Dummkopf nennt, bin ich innerlich nicht verletzt.

Andererseits kann ich auch wirklich ein Dummkopf gewesen sein. In diesem Fall sollte ich ihm dafür danken, daß er mich aufmerksam gemacht hat, daß ich mich wie ein Dummkopf verhalten habe.

Nun zu Ivanoff; nehmen wir an, er wirft mir einen bösen Blick zu. Aber statt mich dadurch beleidigen zu lassen, tut er mir leid, weil er mich schief ansieht. Irgend etwas oder irgend jemand hat ihn aus dem Gleichgewicht gebracht. Kann er aber die wirkliche Ursache entdecken? Ich verstehe mich selbst und kann mich selbst unparteiisch beurteilen. Vielleicht hat ihm jemand etwas über mich gesagt und das hat ihm einen gewissen Eindruck über mich gegeben. Es tut mir leid, daß er so ein Sklave ist, daß er mich mit den Augen eines anderen betrachtet. Dies zeigt nur, daß er selbst keine Existenz hat – er ist nicht mehr als ein Sklave.«[8]

Diese beiden Beispiele können als Grundlage für *positives Denken* dienen. Das Problem liegt darin, daß wir uns nicht an uns selbst erinnern und keinen wahren Stolz besitzen. Der wahre Stolz ist eine Art Maßstab der Meinung, die jemand über sich selbst hat. Wenn ein Mensch wirklichen Stolz hat, beweist dies, daß er *ist*. Der falsche Stolz ist dagegen einer unserer Hauptfeinde und ein großes Hindernis für unsere innere Entwicklung.

Unser Ziel muß es sein, durch Selbstbeobachtung und Selbsterinnerung wirklichen Stolz zu besitzen;

dann können wir von vielen unserer inneren Schwächen befreit werden; dadurch können wir uns sogar von Eitelkeit und Selbstliebe befreien. Dieses Ziel läßt sich durch dauernde Übung im positiven Denken erreichen. Der springende Punkt hierbei ist, daß wahrer Stolz als identisch mit *echter Bescheidenheit* darauf beruht, daß einer sich als Sein mit *niemand* vergleicht. Er schätzt sich selbst richtig ein und ist aus *Selbstachtung* bescheiden und nicht um der anderen willen. Deshalb spielen bei Menschen mit wahrem Stolz oder wahrer Selbstachtung Vergleichs- und Ausgleichsbegriffe wie Recht, Billigkeit, zuviel und zuwenig keine Rolle. Sie wissen, was sie sich selbst schuldig sind und vergleichen sich mit niemand. H. Keyserling sagt von einem Menschen mit wahrem Stolz, daß er, wenn er sich entschuldigt, es nur seiner selber willen und nicht um der anderen willen tut; beugt er sich vor einem Höheren oder verlangt er Distanzeinhaltung von einem Anderen, tut er es ebenfalls nur um seiner selbst willen.

Negative Ideen haben bekanntlich eine große Anziehungskraft. Positive Ideen sind alle Ideen, die unseren Wesenskern stärken und unsere Persönlichkeit schwächen. Positive Ideen stammen aus B-Einflüssen[9]; eine positive Idee, zum Beispiel, läßt sich wie folgt formulieren: Wenn wir die Dinge ändern wollen, wenn wir unser Leben ändern wollen, müssen wir zuerst uns selbst ändern. Um uns selbst zu ändern, müssen wir eine Lehre finden, die uns sagt, wie wir uns ändern müssen. Wir müssen bereit sein, die neue Lehre zu prüfen und gegebenenfalls aufzunehmen. Erst wenn wir beginnen, auf eine neue Art zu denken, können wir uns ändern.

Anmerkungen:

1 Vgl. hierzu P. D. OUSPENSKY, *Bewußtsein und Gewissen. Die Suche nach der Wahrheit,* a. a. O., S. 128.

2 Vgl. hierzu M. NICOLL, *Psychological Commentaries on the Teaching of Gurdjieff & Ouspensky,* 2. Band, a. a. O., S. 600.

3 S. VIVEKANANDA, *Karma-Yoga und Bhakti-Yoga,* a. a. O., S. 94–95.

4 P. D. OUSPENSKY, *Auf der Suche nach dem Wunderbaren,* a. a. O., S. 218–220.

5 Zitiert aus C. S. NOTT, *Teachings of Gurdjieff. A Pupil's Journal,* a. a. O., S. 38-39.

6 Vgl. hierzu P. D. OUSPENSKY, *Auf der Suche nach dem Wunderbaren,* a. a. O., S. 220 ff.

7 Vgl. hierzu H. KEYSERLING, *Das Erbe der Schule der Weisheit,* I. Band, a. a. O., S. 349.

8 Zitiert aus C. S. NOTT, *Teachings of Gurdjieff. A Pupil's Journal,* a. a. O., S. 53.

9 Es lassen sich nach P. D. OUSPENSKY drei Arten von *Einflüssen* unterscheiden:
(1) *A-Einflüsse* werden durch das Leben geschaffen und ergeben sich aus geschäftlichen Interessen, Gewinnüberlegungen, Wissenschaft und Technik, Sport, Politik, Macht- und Besitzstreben, Karrieredenken, Bedürfnissen des täglichen Lebens und so weiter. Es genügt, eine Zeitung zu öffnen, um zu verstehen, wie die A-Einflüsse durch das Leben selbst geschaffen werden und im Leben der Menschen entstehen. Sie entwickeln die Persönlichkeit und stärken vor allem die falsche Persönlichkeit.
(2) *B-Einflüsse* entstammen anderen Quellen: religiösen alten Lehren, Traditionen (lat. trans-dare) u. a. m., die häufig in verkleideter Form, z. B. in Lehrgeschichten, Allegorien, Parabeln, Märchen usw. überliefert wurden. Die Evangelien, die Bhagavadgita, die Arbeiten der großen Sufis sind Beispiele für B-Einflüsse. Sie betreffen die Wandlung des Menschen im Licht neuer Ideen, neuer Ziele und neuer Anstrengungen.
(3) C-Einflüsse sind die Quellen der B-Einflüsse.

9. Die Wandlung des Menschen

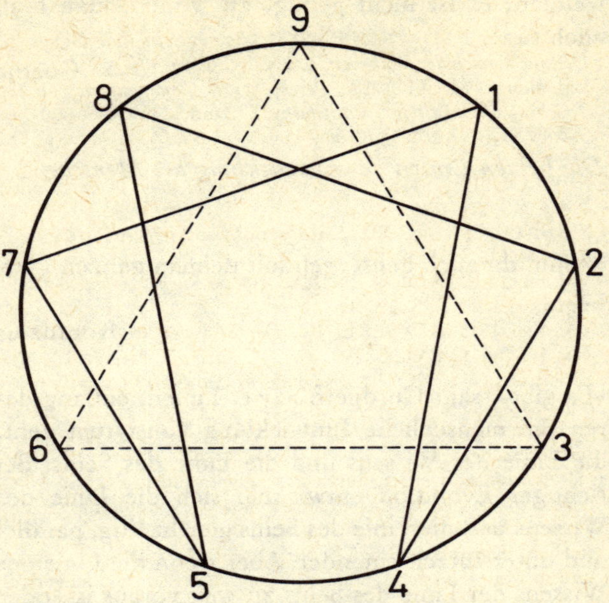

Bilderläuterung: 1 = Die Vielzahl der Verhaltenseinheiten in der Persönlichkeit des Menschen; 2 = Selbstbeobachtung und Selbsterinnerung; 3 = *Die Erkenntnis der Lage;* 4 = Der Wesenskern des Menschen; 5 = Die Arbeit an sich selbst; 6 = *Die Erkenntnis des Gegensatzes;* 7 = Die Überwindung negativer Emotionen; 8 = Die Ablehnung der Identifikation; 9 = DIE WANDLUNG DES MENSCHEN

- Die beiden Linien der Entwicklung des Menschen
- Wissen und Sein
- Das Droschkengleichnis
- Vielseitigkeit im Leben
- Das Leben als Herausforderung
- Die Lebensbilanz
- Das Ziel der Selbstentfaltung
- Ausblick

Es ist nicht genug, zu wissen, man muß auch anwenden; es ist nicht genug, zu wollen, man muß auch tun!

Goethe

Die beiden Linien der Entwicklung des Menschen

Wohin du auch gehst, geh mit deinem ganzen Herzen.

Konfuzius

»Es gibt«, sagt Gurdjieff, »zwei Linien, entlang deren die menschliche Entwicklung vonstatten geht, die Linie des Wissens und die Linie des Seins. Bei richtiger Evolution entwickeln sich die Linie des Wissens und die Linie des Seins gleichzeitig, parallel und unterstützen einander. Aber wenn die Linie des Wissens der Linie des Seins zu weit voraus ist, oder wenn die Linie des Seins der Linie des Wissens voraus ist, dann wird die menschliche Entwicklung falsch und muß früher oder später zu einem Stillstand kommen.
Die Menschen verstehen, was ›Wissen‹ bedeutet. Und sie verstehen auch die Möglichkeit verschiedener Wissensstufen. Sie verstehen, daß Wissen größer und geringer sein kann, das heißt von der einen oder der anderen Qualität. Aber sie verstehen dies nicht in Beziehung zum ›Sein‹. ›Sein‹ heißt für sie einfach ›Existenz‹, der die ›Nicht-Existenz‹ entgegengesetzt ist. Sie verstehen nicht, daß Sein oder Existenz auf sehr verschiedenen Stufen und unter sehr verschiedenen Kategorien bestehen kann. Nehmen wir zum Beispiel das Sein eines Minerals und einer Pflanze. Es ist ein verschiedenes Sein. Das

Sein einer Pflanze und eines Tieres ist wieder ein verschiedenes Sein. Aber das Sein zweier Leute kann sich noch mehr voneinander unterscheiden als das Sein von Mineral und Tier. Das genau ist es, was die Menschen nicht verstehen. Und sie verstehen nicht, daß das Wissen vom Sein abhängt. Sie verstehen nicht nur dies letztere nicht, sondern sie wollen es auch ganz bestimmt nicht verstehen. Und besonders im westlichen Kulturkreis nimmt man an, daß ein Mensch großes Wissen besitzen könne, zum Beispiel könne er ein fähiger Wissenschaftler sein, Entdeckungen machen, die Wissenschaft um ein Stück weiterbringen und zu gleicher Zeit könne er und habe auch das Recht, ein kleinlicher, egoistischer, schwächlicher, neidischer, eitler, spitzfindiger, naiver und zerstreuter Mensch sein. Es scheint hier selbstverständlich zu sein, daß ein Professor überall seinen Regenschirm vergißt.

Und trotzdem ist das sein Sein. Und die Menschen denken, sein Wissen hänge nicht von seinem Sein ab. Die Menschen westlicher Kultur schreiben dem Wissensniveau eines Menschen einen großen Wert zu, aber sie achten nicht das Seinsniveau und schämen sich nicht der geringen Stufe ihres eigenen Seins. Sie verstehen nicht, was das heißt. Und sie verstehen nicht, daß das Wissen eines Menschen von der Stufe seines Seins abhängt.

Wenn das Wissen dem Sein sehr voraus ist, wird es theoretisch und abstrakt, auf das Leben unanwendbar oder geradezu schädlich, denn statt dem Leben zu dienen und den Menschen zu helfen, besser mit ihren Schwierigkeiten fertigzuwerden, beginnt es, das menschliche Leben zu komplizieren, fügt neue Schwierigkeiten, neue Störungen hinzu, die vorher nicht da waren.

Der Grund hierfür ist, daß ein Wissen, das nicht im Verhältnis zum Sein steht, für die wirklichen Bedürfnisse des Menschen nicht groß genug oder nicht geeignet ist. Es wird immer ein Wissen über eine Sache, gepaart mit Unwissenheit über eine andere Sache bleiben; ein Wissen von Einzelheiten, ohne Wissen des Ganzen; ein Wissen der Form, ohne Wissen des Inhalts.

Solch ein Übergewicht des Wissens über das Sein beobachten wir in der heutigen Kultur. Die Idee des Wertes und der Wichtigkeit der Seinsstufe ist vollständig vergessen. Und ebenfalls hat man vergessen, daß die Wissensstufe durch die Seinsstufe bedingt wird. Tatsächlich ist aber die Möglichkeit des Wissens auf einer bestimmten Seinsstufe begrenzt und endlich. In den Grenzen eines gegebenen Seins kann die Qualität des Wissens nicht verändert werden, und es ist allein die Sammlung von Informationen ein und derselben Natur im Bereich bekannter Grenzen möglich. Ein Wechsel in der Natur des Wissens ist nur in Verbindung mit einem Wechsel in der Natur des Seins möglich.

Als solches betrachtet, hat das Sein eines Menschen viele verschiedene Seiten. Das charakteristische Kennzeichen eines modernen Menschen ist das Fehlen der Einheit in ihm und weiterhin das Fehlen sogar von Spuren jener Eigenschaften, die er sich am liebsten zuschreibt, als da sind ›klares Bewußtsein‹, ›freier Wille‹, ein ›dauerndes Selbst oder Ich‹ und die ›Fähigkeit zu tun‹. Es mag Sie überraschen, wenn ich Ihnen sage, daß das Hauptkennzeichen des Seins eines modernen Menschen, das das Fehlen von allem anderen in ihm erklärt, der Schlaf ist.

Ein moderner Mensch verbringt sein Leben schlafend. Schlafend wird er geboren und schlafend stirbt er. Über den Schlaf, seine Bedeutung und seine

Rolle im Leben werden wir später sprechen. Aber im Augenblick wollen wir nur an etwas denken: was für ein Wissen kann ein schlafender Mensch haben? Und wenn Sie darüber nachdenken und gleichzeitig im Auge behalten, daß Schlaf das Hauptkennzeichen unseres Seins darstellt, dann wird Ihnen sofort klar werden, daß ein Mensch, der wirklich Wissen ersehnt, zuerst darüber nachdenken muß, wie er aufwachen könne, das heißt wie er sein Sein wandeln könne.

Äußerlich gesehen, hat das menschliche Sein viele verschiedene Seiten: Aktivität oder Passivität; Wahrhaftigkeit oder eine Neigung zur Lüge; Aufrichtigkeit oder Unaufrichtigkeit; Mut, Feigheit; Selbstbeherrschung, Lasterhaftigkeit, Erregbarkeit, Egoismus, Bereitschaft zum Selbstopfer, Stolz, Eitelkeit, Eingebildetsein, Fleiß, Faulheit, Moralität, Verderbtheit; all dies und noch viel anderes macht das Sein eines Menschen aus.

Aber dies alles im Menschen ist vollständig mechanisch. Wenn er lügt, so bedeutet das, daß er nicht umhin kann zu lügen. Wenn er die Wahrheit sagt, so heißt das, daß er nicht umhin kann, die Wahrheit zu sagen, und so ist es mit allem. Alles geschieht, ein Mensch kann nichts weder in sich noch außer sich tun.

Aber natürlich gibt es Enden und Grenzen. Allgemein gesprochen, ist das Sein eines modernen Menschen von sehr niederer Qualität. Und es kann eine so schlechte Qualität haben, daß keine Wandlung möglich ist. Dies muß man immer im Gedächtnis behalten. Die Menschen, deren Sein noch verändert werden kann, sind sehr glücklich. Aber es gibt Menschen, die endgültig kranke, zusammengebrochene Maschinen sind, mit denen man nichts mehr anfangen kann. Und diese Leute sind in der Mehrheit.

Wenn Sie daran denken, werden Sie verstehen, daß nur einige wenige richtiges Wissen erlangen können. Bei den anderen läßt es ihr Sein nicht zu.
Allgemein gesprochen, ist das Gleichgewicht zwischen Wissen und Sein noch wichtiger als eine getrennte Entwicklung des einen oder des anderen. Und eine getrennte Entwicklung von Wissen oder Sein ist keinesfalls wünschenswert. Trotzdem ist es gerade diese einseitige Entwicklung, die den Leuten besonders anziehend erscheint.
Wenn das Wissen das Sein überwiegt, weiß ein Mensch, hat aber nicht die Kraft zum Tun. Das ist nutzloses Wissen. Andererseits, wenn das Sein das Wissen überwiegt, hat ein Mensch die Kraft zum Tun, weiß aber nichts, das heißt, er kann etwas tun, aber er weiß nicht was. Das erworbene Sein wird zwecklos und Anstrengungen erweisen sich als nutzlos.
In der Geschichte der Menschen kennen wir viele Beispiele, wo ganze Zivilisationen untergingen, weil das Wissen das Sein überwog oder das Sein das Wissen«.[1]
»Es gibt eine östliche Erzählung, die von einem sehr reichen Magier handelt, der sehr viele Schafe hatte. Nun war dieser Magier sehr geizig. Er wollte keinen Schäfer anstellen, noch wollte er die Weide, auf der seine Schafe grasten, mit einem Zaun umgeben. Infolgedessen liefen die Schafe oft in den Wald, fielen in Abgründe, und vor allem liefen sie fort, weil sie wußten, daß der Magier ihr Fleisch und Fell wollte, und ihnen dies nicht lieb war.
Schließlich fand der Magier ein Mittel dagegen. Er hypnotisierte seine Schafe und suggerierte ihnen zuallererst, sie seien unsterblich und es geschehe ihnen kein Leid dadurch, daß ihnen die Haut abgezogen würde, sondern es sei im Gegenteil sehr gut und so-

gar angenehm für sie. Zweitens suggerierte er ihnen, daß er, der Magier, ein guter Herr sei, der seine Herde so liebe, daß er bereit sei, alles in der Welt für sie zu tun; und drittens suggerierte er ihnen, daß, wenn ihnen irgend etwas geschehen sollte, es nicht gerade jetzt geschehen werde, jedenfalls nicht am gleichen Tag, und daß sie darum keinen Grund hätten, darüber nachzudenken. Ferner suggerierte der Magier seinen Schafen, daß sie überhaupt keine Schafe seien; einigen von ihnen suggerierte er, sie wären Löwen, anderen, sie wären Adler, wieder anderen, sie wären Menschen und wieder anderen, sie wären Magier.

Und danach hatten alle seine Sorgen um die Schafe ein Ende. Sie liefen nie wieder weg, sondern warteten ruhig auf den Tag, an dem der Magier ihr Fleisch und ihre Felle benötigen würde.

Diese Erzählung ist eine gute Veranschaulichung der menschlichen Lage.«[2]

Die Wandlung des Menschen oder die Selbst-Änderung ist eine Möglichkeit, die jedem offensteht und das Ziel seiner Existenz ist. Der Ausgangspunkt der Selbst-Änderung bleibt verborgen, solange der Mensch in der Illusion lebt, eine Einheit zu sein. Nur durch unkritische Selbstbeobachtung kann er die vielen Verhaltenseinheiten oder »Ichs« erkennen, aus denen seine Persönlichkeit besteht und die mehr oder weniger mechanisch auf äußere Einflüsse reagieren.[3]

Wir hoffen, daß die anderen uns um unserer Persönlichkeit willen lieben – während wir in Wirklichkeit viel mehr sind als die Teilpersönlichkeit, die wir gerade zeigen. In Zeiten, in denen eine Welt für uns zusammenbricht, ist es gut, sich bewußt zu werden, was wir wirklich sind oder sein können, denn sonst stünden wir im Nichts.

Die Arbeit des Menschen ist nur dann von Wert, wenn er darin bis zur äußersten Grenze seiner Möglichkeiten geht.

G. I. Gurdjieff

Die beiden Seiten eines Menschen – die Seite seines Wissens und die Seite seines Seins – müssen verbunden werden, damit Weisheit (oder »Verstehen«) entsteht.

$$\text{Weisheit} = \frac{\text{Wissen} + \text{Sein}}{2}$$

Weisheit ist nicht Wissen. Weisheit besteht in der Kongruenz des Wissens mit dem Sein. Es kommt nicht darauf an, woher einer stammt, wovon er ausgeht, was er denkt, tut oder fühlt, sondern einzig darauf, *wer* er werden kann. Weisheit oder Verstehen ist nach J. Needleman die vollständige Internalisierung wahrer Ideen.

Der Weise *hat*, wie Graf Hermann Keyserling sagt, keine Standpunkte, sondern er *ist* einer; er vertritt gar nichts, sondern er verkörpert; er steht naturnotwendig über allen Parteien, denn kein Parteiproblem reicht bis in den Wesenskern hinab. Diese Herausbildung zur Wesentlichkeit geschieht nur durch bewußte Arbeit an sich selbst. Das Wissen ist in erster Linie ein Weg, um als Mensch ein höheres Seinsniveau zu ersteigen.

Wirkliche Weisheit ist eine Funktion der Arbeit an sich selbst; sie setzt nicht nur einen hohen Wissensstand, sondern auch eine hohe Seinsebene voraus.

Das Sein eines Menschen zeigt sich in der *Qualität* seines Lebens: *wie* einer handelt, denkt, fühlt, arbeitet, lebt – gleichviel, was der Inhalt der jeweiligen Betätigung ist –, entscheidet über das Seinsniveau eines Menschen.

Ein Maßstab für das Sein eines Menschen ist seine Fähigkeit, auszuhalten, zu ertragen. Ein kleines Sein, voll von Selbstliebe, erreicht bald seine Grenzen und wird gewaltsam. Im Zustand der Gewalttätigkeit ist der Mensch vollkommen identifiziert. Je mehr wir die anderen in uns und wir uns in den anderen sehen, desto stärker nimmt die Weisheit zu und die Gewalttätigkeit in uns ab. Um unser Leben zu ändern, müssen wir deshalb unser Sein ändern. Die Änderung des Seins hängt von der Arbeit an sich selbst ab.

Durch Selbsterinnerung, Nicht-Identifikation, Nicht-Ausdrücken negativer Emotionen und Sich-nicht-innerlich-Richten können wir unser Sein ändern. Voraussetzung hierfür ist die Selbstbeobachtung.

Nicht derjenige wird mit den Lebensproblemen der Zukunft am besten fertig, der das meiste Wissen hat, sondern derjenige, dessen Wissen mit seinem Sein in Einklang steht; anders ausgedrückt: das *Verstehen* oder die *Weisheit* als operative Synthese von Wissen und Sein ermöglicht es, mit dem Wandel, der alle Bereiche unseres Lebens erfaßt, fertig zu werden, und über dem Problem des Daseins zu stehen. Man könnte sagen, daß Verstehen, verbunden mit Erfahrung, Disziplin und gedanklicher Durchdringung vielfältiger Lebenssituationen, die Methoden für die Gewinnung von Wissen liefert.

Weisheit ist das Wesen dessen, was man aus absichtlich erworbenen Informationen und aus selbst erlebten Erfahrungen erlangt; Wissen dagegen ist nur das Erinnern an Worte in einer gewissen Reihenfolge. Wissen läßt sich von einer Person an eine andere übertragen, die Weisheit jedoch, die sich in jemandem gebildet hat, kann nicht vermittelt werden. Weisheit kann nur durch eigene Anstrengungen erworben werden und führt zum Wesenskern des Menschen.[4]

Wie H. Keyserling sagt, bedeutet Weisheit nie anderes als richtige Einstellung im kosmischen Zusammenhang, dank der auch das Äußerlichste zum Ausdrucksmittel von Innerlichstem wird. Weisheit bedeutet somit die Lösung der persönlich richtigen Gleichung zwischen Wissen und Sein. »Wer den Sinn seiner selbst und seiner Zeit erfaßt und ihm gemäß handelt, der wird nämlich von der ganzen Weltordnung getragen; den begünstigen auf die Dauer alle Zufälle. Wogegen dem Nichtverstehenden alles zum Unheil gereicht.«[5]

Der Erfolg eines Menschen im Leben ist vom Grad seines Verstehens abhängig. Von allen Menschen, die in verantwortlichen Positionen tätig sind, ist deshalb an erster Stelle *Weisheit* zu fordern; sie müssen Krisen – wenigstens in der Vorstellung – erlebt und die geistigen Probleme der Zeit innerlich erfaßt haben, a) um ihnen gewachsen zu sein, und b) um das Besondere, das sie tun, in das übergeordnete System der geltenden Zusammenhänge einzugliedern. Dies ist ein zu lösendes Problem der Arbeit an sich selbst.

Unser Repertoire an Antworten auf die Herausforderungen der äußeren Welt ist begrenzt; es nimmt in der Regel mit zunehmendem Alter in dem Ausmaß ab, in dem unsere Antworten von den Gewohnheiten unserer Teilpersönlichkeiten geprägt sind. Gegen diese Einengung unseres Rollenverhaltens hilft keine »horizontale« Richtungsänderung, eine berufliche Veränderung z. B., sondern nur eine Bemühung in »vertikaler« Richtung, im Sinne einer Erhöhung unserer Wissens- und Seinsebene.

»Die Idee des Seins war das Tiefinnerste der religiösen Begriffe des Menschen, und alle anderen Einteilungen wurden im Vergleich mit dieser für nebensächlich gehalten. Man unterschied Heiden, Falschgläubige, Ketzer auf der einen Seite und andererseits wahre Gläubige, Gerechte, Heilige, Propheten usw. Alle diese Bezeichnungen galten nicht Unterschieden der Ansichten und Überzeugungen, das heißt nicht dem Wissen, sondern dem Sein.

Im modernen Denken weiß man gar nichts von der Idee des Seins und von den verschiedenen Seinsstufen. Ganz im Gegenteil: Man stellt sich vor, ein Mensch könne um so interessanter und auffallender sein, je mehr Gegensätze in seinem Sein vorhanden sind. Im allgemeinen nimmt man zwar stillschweigend – manchmal auch offen – an, daß ein Mensch in Lügen leben, daß er ein Egoist, ein Feigling, ein Phantast, ein Perverser sein kann, ohne daß ihn dies verhindert, ein großer Gelehrter, ein großer Philosoph oder ein bedeutender Künstler zu sein. Selbstverständlich ist das unmöglich. Wenn auch diese Unvereinbarkeit der verschiedenen Züge in ein und demselben Wesen gewöhnlich als Originalität betrachtet wird, ist sie doch nichts anderes als Schwäche. Man kann unmöglich ein großer Denker oder ein großer Künstler sein, wenn die Mentalität pervertiert oder das Denken ohne Kontinuität ist, ebensowenig wie man ein Berufsboxer oder ein Zirkusathlet sein kann, wenn man an Schwindsucht erkrankt ist. Die verbreitete Ansicht, daß Diskontinuität und Amoralität Zeichen von Originalität sind, ist verantwortlich für zahlreiche wissenschaftliche, künstlerische und religiöse Gaukeleien unserer Zeit – und zweifellos aller Zeit.

Es ist notwendig, daß man klar versteht, was Sein bedeutet, und warum es wachsen und sich entwikkeln muß, parallel und gleichzeitig mit dem Wissen, und doch unabhängig von ihm.

Wenn das Wissen das Sein überwiegt, oder das Sein sich über das Wissen erhebt, wird immer eine einseitige Entwicklung die Folge sein. Eine einseitige Entwicklung aber wird niemals sehr weit führen. Sie muß unwiderruflich zu irgendwelchen schweren inneren Widersprüchen gelangen und dort zum Stillstand kommen. (...)

Im gewöhnlichen Leben begegnen wir nur dem einen Fall, daß das Wissen das Sein überwiegt. Das Ergebnis nimmt die Form einer Dogmatisierung gewisser Ideen an; von hier aus wird jede weitere Entwicklung des Wissens unmöglich, da das Verstehen verloren geht. Aber was ist Verstehen (= Weisheit, A. d. V.)?

Versuchen Sie, sich die Frage zu stellen, und Sie werden sehen, daß Sie sie nicht beantworten können. Bis jetzt haben Sie immer Verstehen mit Wissen oder Besitz von Informationen verwechselt. Wissen und Verstehen aber sind zwei ganz verschiedene Dinge, und Sie müssen lernen, diese zu unterscheiden.

Um eine Sache zu verstehen, müssen Sie sie in Beziehung zu einem umfassenderen Objekt oder in einen größeren Zusammenhang stellen, ebenso die Folgen dieser Beziehung. Verstehen ist immer das Verständnis eines beschränkten Problems *in seiner Beziehung zu einem umfassenderen Problem* ...

Wie ich ausgeführt habe, gibt es zwei Seiten des Menschen, die im normalen Verlauf seiner Evolution entwickelt werden müssen: das Wissen und das Sein. Aber weder Wissen noch Sein können zum Stillstand kommen oder im gleichen Zustand verharren. Wenn eines von beiden nicht wächst und

nicht stärker wird, vermindert es sich und wird schwächer.
Verstehen ist, in gewisser Hinsicht, das arithmetische Mittel zwischen Wissen und Sein. Dies zeigt die Notwendigkeit eines gleichzeitigen Wachstums von Wissen und sein. Wenn eins der beiden absinkt, während das andere steigt, ändert sich das arithmetische Mittel nicht.«[6]
Jeder muß letzten Endes sein eigener Lehrer sein; der Lehrer im äußeren Leben bietet uns die Anregung, die den inneren Lehrer aufruft zu arbeiten, um eine höhere Wissens- und Seinsebene zu ersteigen.

Das Droschkengleichnis

Das Höchste, was ein Mensch erreichen kann, ist das Vermögen zu tun.

G. I. Gurdjieff

Die Schwierigkeit, die Ebene seines Seins zu ändern, geht aus dem folgenden Gleichnis hervor.[7] Der Mensch wird mit einer Droschke, bestehend aus Kutscher, Pferd, Wagen und Passagier verglichen. Es ist relativ einfach, den Kutscher (= Verstand) zu erziehen; das wirkliche Problem besteht darin, das Pferd (= Gefühle) zu erziehen; es ist das Pferd, das letzten Endes den Wagen (= Körper) zieht. Das Pferd versteht vielleicht eine Sprache, aber es ist nicht die Sprache des Kutschers. Der Kutscher denkt, das Pferd handelt, und wohin der Wagen fährt, hängt von den Bewegungen des Pferdes und nicht von den Gedanken des Kutschers ab. Der Kutscher kann alle Arten von Büchern über innere Entwicklung gelesen haben, wenn er jedoch

seine Weisheit dem Pferd nicht mitteilen kann, ist sie nutzlos. Der Kutscher möchte sich wie ein Heiliger verhalten, das Pferd versteht aber nichts davon.
Die Schwierigkeit des Kutschers, mit dem Pferd zu kommunizieren, liegt darin, daß er stark von Dingen beeinflußt ist, die er gelernt und/oder erworben hat und die nicht sein eigen sind. Der Kutscher stellt die Persönlichkeit dar. Das Pferd ist Teil des Wesenskerns, seine Eigenschaften sind angeboren; es kann ein phlegmatisches, cholerisches, sanguinisches oder melancholisches Pferd sein; es hat diese Eigenschaften nicht gewählt.
Es ist nicht schwierig, die Persönlickeit zu beeinflussen. Wir lernen leicht, verschiedene Masken zu tragen. Es ist jedoch sehr schwierig, den Wesenskern zu beeinflussen. Worte, die auf die *persona* geschrieben sind, sind wie Worte, die auf Sand geschrieben sind, leicht auszuführen, aber auch leicht zu löschen, Worte, die in den Wesenskern geschrieben sind, sind wie in Stein gemeißelt, schwer zu schreiben und schwer zu löschen.
Um den Wesenskern zu beeinflussen, müssen wir aufrichtig mit uns selbst sein. Ohne aufrichtige und aufmerksame Selbstbeobachtung kann der Wesenskern nicht geändert werden. Wenn wir gelernt haben, uns objektiv zu beobachten und die vielen Verhaltenseinheiten oder »Ichs« in unserer Persönlichkeit zu erkennen, werden wir in die Lage versetzt, die Sprache des Pferdes zu verstehen. Wenn wir diese Sprache gelernt haben, erreichen wir einen gewissen Grad an Freiheit.
Der Passagier (= unser Wesenskern oder unser wirkliches permanentes »Ich«), der bei den meisten Menschen abwesend ist, erteilt Weisungen an den Kutscher, der sie an das Pferd weiterleitet. Passagier, Kutscher, Pferd und Wagen müssen in Ein-

klang sein und zusammenarbeiten; in der Regel sind sie jedoch uneins, der Passagier ist abwesend oder wechselt laufend, das Pferd ist vernachlässigt, der Kutscher schläft oder ist betrunken und der Wagen ist reparaturbedürftig.

Jeder sollte den Wunsch haben, kein »Taxi« zu sein, sondern einen wirklichen Besitzer zu haben und nicht eine Reihe von Fahrgästen. Das Ziel muß es sein, ein wahres, unveränderliches und unzerstörbares »Ich« zu haben.

Das Ziel der inneren Entwicklung ist nicht, etwas Neues zu erwerben, sondern wiederherzustellen, was verloren wurde. Dazu müssen wir lernen, durch Selbstbeobachtung und Selbsterinnerung zwischen Persönlichkeit und Wesenskern zu unterscheiden, uns nicht mit uns selbst zu identifizieren, die Arbeit im täglichen, aktiven Leben als Arbeit an uns selbst aufzufassen und die negativen Emotionen zu überwinden. Wenn wir gelernt haben, dies zu tun, können wir erkennen, was zu ändern ist, warum es geändert werden muß und wie es geändert werden kann. Die Arbeit an diesem Ziel muß hier und jetzt beginnen. Dazu ist es erforderlich, der Wirklichkeit ins Auge zu sehen und nicht in Illusionen zu leben. Es sind immer effiziente, fähige Menschen, nicht neurotische Träumer, die den Willen und die Kraft aufbringen, sich selbst zu ändern und eine höhere Seinsebene zu ersteigen.

Bei jedem Menschen ist, um mit H. Keyserling zu reden, nach innen zu gesehen, seine Schwäche seine Stärke; die Stärke des Starken stammt aus seiner Schwäche.

Wer andere besiegt, hat Kraft.
Wer sich selber besiegt, ist stark.
Wer sein Maß kennt, ist reich.

Laotse

Die Fortschritts- und Anpassungsfähigkeit der Menschen ist so groß, daß verschiedene Aufgaben für sie gleichermaßen in Frage kommen; die meisten Menschen können Verschiedenes gleich gut »werden«. Deshalb lohnt es sich nicht, darüber viel nachzugrübeln, ob der gegebene Beruf einem nun ganz entspreche oder nicht. Es gilt ihn nur sinnvoll auszuüben; dann bleibt die Befriedigung nicht aus. »Das Ideal liegt nicht in der Ausgefülltheit durch den Beruf, sondern im Gegenteil, in der persönlichen Überlegenheit über denselben, *wie befriedigend er* auch sei.«[8] *Jedes* Leben kann sinnvoll sein, *jede* Arbeit kann geadelt werden und *jeder* Mensch kann letztlich weise und überlegen werden.

Wir müssen in der Mitte des Lebens arbeiten, umgeben von allen Schicksalsschlägen des Lebens und das Leben als unseren Lehrer betrachten. Das bedeutet, daß wir uns nicht identifizieren mit äußerlichen Ereignissen und innerlich immer, in allen Lebensumständen, freibleiben; oder, anders ausgedrückt, ein Mensch muß nach M. Nicoll alles für alle Menschen sein können:

- er muß alle seine Fähigkeiten so entwickelt haben, daß er Herr jeder Situation sein, mit jeder Art von Menschen umgehen, jeden Gesichtspunkt und jede Theorie bis zu einem bestimmten Punkt verstehen kann,
- er muß, mit anderen Worten, alle Ereignisse und Situationen des Lebens auf eine vernünftige

Weise meistern können und das Leben und die Menschen richtig einschätzen.

Wir müssen uns fragen, in welchen Aspekten des äußeren Lebens unsere Entwicklung gefördert werden muß:

- Wären wir in der Lage, sofort die Führung einer großen Abteilung oder einer Unternehmung zu übernehmen?
- Sind wir imstande, ein wirksames Gespräch mit dem Vorstandsvorsitzenden eines multinationalen Konzerns zu führen?
- Können wir mit Kindern ein lustiges Spiel spielen, ein Schiff steuern und dabei innerlich ruhig bleiben und wissen, was zu tun ist?
- Sind wir in der Lage, eine gute kritische Buchrezension zu schreiben?
- Können wir uns auch mit einfachen Leuten gut unterhalten?

Obwohl diese Dinge nicht wichtig sind und auch nicht wörtlich genommen zu werden brauchen, weisen sie auf die Wichtigkeit der *Vielseitigkeit* im Leben hin: Auch wenn wir nie zum Vorstandsvorsitzenden eines multinationalen Konzern gesprochen haben, so sollten wir aufgrund der inneren Entwicklung und der inneren Stärke in der Lage sein, sollte der Augenblick kommen, ein wirksames Gespräch zu führen. Der Mensch muß, zusammenfassend, in der Welt, aber nicht von der Welt sein: »Er steht in der Welt zugleich über ihr, und er wirkt in der Welt in einer anderen Weise als die, die sich mit den Umständen ihres Daseins identifizieren.«[9]

Sich selbst zu verwirklichen heißt, all das in sich entdecken und aus sich herauszuholen, was in einem steckt, es durch Arbeit an sich selbst in Handlungen umzusetzen und so ein Gefühlt der Harmonie mit sich selbst und der Welt zu erlangen.

Zur Selbstverwirklichung gehören Freude an einer Sache und harte Arbeit an sich selbst.
Wo die Arbeit ausgeklammert wird, wo es um die Befriedigung unbestimmter Sehnsüchte geht, um die Jagd nach Illusionen da bleibt – wie R. Stalman sagt –, alles nur Vorwand für die eigene Faulheit, Flucht vor der Realität, mit einem Wort: Geschwätz!

Das Leben als Herausforderung

Unterschütterliche Hoffnung ist Stärke. Hoffnung, von Zweifel durchsetzt, ist Feigheit. Hoffnung mit Furcht vermischt, ist Schwäche.

G. I. Gurdjieff

Wir erfahren Augenblicke höchster Intensität immer dann, wenn uns ein wichtiges Problem oder eine Notsituation einen Sinn der *Dringlichkeit* vermitteln. Dies war ein zentrales Element der Methode Gurdjieffs, der in seinen Schülern einen permanenten Sinn der Dringlichkeit ausbildete.[10] Nach Gurdjieff besteht der einzige Weg, um die Menschheit zu retten, darin, daß ein »Organ« entwickelt wird, das uns allen die Unvermeidbarkeit unseres eigenen Todes und des Todes aller um uns herum ständig vor Augen hält.[11] Dieser Aspekt wird im Fragment einer verlorengegangenen Lehrgeschichte über einen Mann hervorgehoben, der nach seinem Tod erwacht und bemerkt, daß er das Hauptinstrument seines Lebens – seinen Körper – verloren hat und feststellen muß, was er alles damit im Leben hätte tun können.[12]
Eine Möglichkeit, um diesen Sinn der Dringlichkeit zu schaffen, ist, alles im Leben als Herausforderung

aufzufassen. Castanedas grundlegende Lehre über den Weg des Kriegers besagt in diesem Zusammenhang[13]:

(1) Ein Krieger akzeptiert alles als *Herausforderung*; er ergeht sich nicht in Selbstmitleid und zieht auch nicht das Schicksal, Gott, seine Mitmenschen, seine Vorgesetzten oder das Glück zur persönlichen Rechtfertigung heran. Wenn er die Schuld für persönliches Versagen anderen zuschiebt, ist er kein Krieger.

(2) Ein Krieger lebt *strategisch.* Er weiß, welches Lebensspiel er spielt und warum er es spielt. Er kämpft für Weisheit, das heißt für Wissen und Sein. Seine Feinde sind Schwäche und Ignoranz. Er kämpft darum, nach seinen eigenen, selbstentworfenen Regeln zu leben und vermeidet es, der Spielball äußerer Kräfte zu sein.

(3) Ein Krieger benützt den *Tod als Ratgeber.* Er ist sich bewußt, daß seine Zeit begrenzt ist, so daß er keine Zeit mit nutzlosen Phantasien oder bedeutungslosen Tätigkeiten verschwenden kann.

(4) Ein Krieger hat einen *unbeugsamen Willen.* Sein ausgebildeter Wille ist seine einzige Waffe gegen die zufälligen chaotischen Kräfte, die ihn ablenken, schwächen und schließlich zerstören können.

(5) Ein Krieger weiß, daß er mit *vier Feinden* – Angst, Klarheit, Macht und Alter – konfrontiert wird und diese überwinden muß. Ein Krieger muß fähig sein, all diese Feinde zu besiegen.

(6) Ein Krieger ist *nicht verfügbar.* Er steht niemals auf der Straße, um zu warten, »angegriffen« zu werden.

(7) Ein Krieger ist *unzugänglich.* Er zwingt nicht andere Menschen oder die Welt zu seinen Auffassungen. Er geht vorbei und hinterläßt kaum eine Spur.[14]

Die Seinsebene eines Menschen läßt sich nach S. de Ropp ändern, wenn die folgenden vier Grundsätze in jedem Augenblick beachtet werden:

(1) Keine unkontrollierten Gedankenassoziationen und Leben im »Hier und Jetzt«. »Halte dir deine Absicht bei jedem Schritt, den du tust, vor Augen«, ist eine zentralasiatische Weisheit.

(2) Umwandlung negativer Einstellungen in positive. »Der Edle ist ruhig und gelassen, der Gemeine ist immer in Sorge und Aufregung«, sagt Konfuzius.

(3) Ersatz zufälligen Geschehens durch absichtliches Tun. »Dein Tun sei von dir, nicht von den Umständen geleitet«, heißt es in der Bhagavadgita.

(4) Konzentration auf das Notwendige oder Vermeidung unnotwendiger Handlungen. Eine kleine Lehrgeschichte vermag das zu verdeutlichen. Ein Mönch wurde von Besuchern um eine Lebensweisheit befragt. Darauf antwortete er: »Wenn ich stehe, dann stehe ich. Wenn ich gehe, dann gehe ich. Wenn ich sitze, dann sitze ich. Wenn ich esse, dann esse ich. Wenn ich spreche, dann spreche ich.« Darauf antworteten sie: »Das tun wir doch auch.« Der Mönch: »Nein. Wenn ihr sitzt, dann steht ihr schon. Wenn ihr steht, dann lauft ihr schon. Wenn ihr lauft, seid ihr schon am Ziel.«

Die Lebensbilanz

Man soll sich freuen, wenn man in hoher Stellung anderen dienen kann.

Konfuzius

Wenn wir das Leben eines Menschen in vier Perioden zu je zwanzig Jahren einteilen, ergeben sich drei Zeitpunkte, zu denen die Aufstellung einer Lebensbilanz und die Formulierung einer Lebensstrategie notwendig wird: mit zwanzig Jahren, zu Beginn des verantwortlichen Lebens eines Menschen, mit vierzig Jahren, in der Mitte des Lebens, und mit sechzig Jahren, wenn wir uns auf den Austritt aus dem aktiven Leben vorbereiten. Unsere Lebensstrategie muß aber laufend überprüft und den sich wandelnden Gegebenheiten des äußeren Lebens angepaßt sowie mit dem erreichten inneren Seinszustand in Einklang gebracht werden.

Die Frage nach der Selbstentfaltung stellt sich im zusammenfassenden Rückblick auf den *Lebensgang im ganzen* bezogen. In welchen Perspektiven kann das gute, überlegene, strategisch gelebte Leben im zusammenfassenden Rückblick erscheinen?

Als Gurdjieff seinen Vater bat, den Grundsatz zu verraten, der sein Leben geleitet hatte, antwortete dieser, es sollte für jeden Menschen offensichtlich sein, daß man leben sollte, um sich ein glückliches Alter zu sichern. Diese Antwort könnte jemandem trivial erscheinen, der nicht sieht, daß sie die Freiheit von der Vergangenheit einschließt oder, in Worten, die Gurdjieff viel später gebraucht, die Tatsache, »die Schuld seiner Existenz bezahlt zu haben«.[15]

Um mit F. G. Bennett zu reden, sollte in jedem Menschen der intensive Wunsch vorhanden sein, schnell und vollständig für alle seine Handlungen und Absichten zu bezahlen, die seiner unnotwendigen Mechanizität entsprungen sind. Dadurch, daß wir für unsere Fehler bezahlen, werden wir frei. Deshalb sollten wir nicht den Folgen unserer Fehler ausweichen, sondern mit unserem ganzen Sein wünschen, daß die unangenehmen Konsequenzen unserer mechanischen Handlungen möglichst rasch und vollständig auf uns zurückfallen, damit wir durch die Bezahlung unserer Schuld innerlich frei werden. Wirkliches Glück besteht im Bewußtsein, seine Schulden bezahlt zu haben. Solange wir neue Schulden eingehen, kann unser Glück nicht von Dauer sein, da nach den – mathematischen – Gesetzen des Lebens uns die Rechnung für unsere mechanischen Handlungen früher oder später präsentiert wird.

Diese Perspektive setzt die überwiegende Konstanz der Zielsetzung des Lebens voraus. Der Lebensgang stellt sich als kontinuierlicher Aufstieg oder diskontinuierlich dar, mit erst spät oder schon früher erreichtem, aber dann festgehaltenem Endniveau. Das erfüllte Leben ist in dem Maße erreicht, als am Ende keine normativen Restschulden übrig bleiben.

Diese Abschlußperspektive unterscheidet sich nicht von jeder anderen Bilanz, die im Verlaufe des Lebensganges gezogen wird. Die jeweilige Lebensbilanz ist jedoch in entscheidendem Umfang geprägt vom Horizont des *jeweils* erreichten Wissens und Seins. Dem entspricht es, daß die Erhaltung oder Erweiterung dieses Wissens und Seins für die Lebensstrategien ein letztes Ziel abgibt, für das alltägliche Handeln aber ein Kriterium der Lebensführung aufzeigt.[16] Das Streben nach Zielen gewährt, abschließend, mehr Lebenssinn und dauerhafte Gratifikation als das Erreichthaben der Ziele selbst.

Wir müssen nach einem Plan leben, an dem wir den Fortschritt in unserer inneren Entwicklung messen können. Wenn wir keine Ziele haben, die wir wirklich erreichen wollen, gibt es auch keinen Plan, auch keine individuelle Ausrichtung und auch nichts in uns, an dem wir arbeiten sollen. Wir bleiben, wo wir sind, da wir nicht bewußt in bezug auf unsere innere Welt handeln. Durch die Selbsterinnerung halten wir uns mitten im Leben unser Ziel vor Augen.

Ein wahres Ziel braucht kein Publikum. Es betrifft eine Änderung unseres Wesenskerns. Nur die falsche Persönlichkeit hängt von einem Publikum ab – von dem, was die anderen über uns denken.
Das wahre Ziel bezieht sich auf eine Welt, die den anderen verborgen ist.
Der Weg der Selbstentfaltung besitzt in der Tat einen eigenen Glückswert: Zunahme an Weisheit, Erweiterung des Wissens und Seins, Hoffnung gehören wesentlich zur Bilanzkategorie. Hoffnung kann zum Beispiel die Misere der Gegenwart bis zu einem gewissen Grad kompensieren, wie man denn auch umgekehrt jemanden, der die Erfüllung seiner Hoffnungen nicht mehr erlebt hat, nicht uneingeschränkt zu bedauern braucht, da seiner Hoffnung ein immanenter Glückswert innewohnte.
Eine überwiegende Dynamik des Seins oder des Wissens im Prozeß der Selbstentfaltung ist ebenso illusorisch wie die Transformation des Wesenskerns zu einem radikal neuen Wesenskern oder der Versuch, nicht durch gesichertes, sondern durch riskantes Leben Herr seiner selbst zu werden. Alle diese Perspektiven verwechseln Partielles mit dem Ganzen. »Der Zukunftsbezug auf Fernziele der Selbstverwirklichung ist demgemäß dem erreichten Selbstsein *ein-*, dem hinkünftigen Selbst*sein* aber *unter*zuordnen; dies letzte schon deshalb, weil zu jenem vernünftigen Selbstsein ein eigener, neuer Zukunftshorizont gehört. Die Dimension des Künftigen aber prinzipiell vor das Gegenwärtige setzen zu wollen, hieße einer futuristischen Entfremdung von Gegenwert verfallen, in der allein Glück Wirklichkeit gewinnen kann.«[17]
In einer Gesellschaft, die durch eine mechanizistische Wissenschaft beherrscht wird und in der die Menschen bereits von einer, von »Menschen ge-

machten Zukunft« sprechen, ist es gut, daran zu erinnern, daß die Menschen die Zukunft nicht machen und daß die Welt der Dinge nur die äußere und vorübergehende Symbolisierung der wirklichen und unveränderlichen Welt des Geistes ist. Vergißt man das, wird das menschliche Leben Gesetzen unterworfen, die von Menschen gemacht sind und die die Menschen in Automaten und Statistiken verwandeln und die den Wert des Wesenskerns des Menschen verneinen und seine geistige Rolle degradieren.[18]

Wir müssen die schwere Last der Vergangenheit, die jeder von uns herumträgt, abwerfen und die Angst über unsere subjektive Zukunft, die in jedem Fall unerkennbar ist, aufgeben. Wir müssen im Hier und Jetzt tätig sein. Das Leben ist nie statisch und ändert sich laufend und verlangt, daß wir den gegenwärtigen Augenblick voll erfahren.

Gurdjieff sagte: »Wir leben in der Vergangenheit. Die Vergangenheit ist jedoch tot. Wir müssen in der Gegenwart – hic et nunc – handeln. Wenn wir leben, wie wir immer gelebt haben, wird die Zukunft so wie die Vergangenheit sein. Durch die Arbeit an uns selbst, wenn wir etwas in uns ändern, wird die Zukunft vielleicht anders sein.«[19]

»Wenn du deinem Nachbarn hilfst, wird dir geholfen werden; vielleicht morgen, vielleicht in einem Jahr, vielleicht in hundert Jahren. Dir *wird* aber geholfen werden. Die Natur muß ihre Schulden bezahlen; dies ist ein Gesetz. Wenn wir lieben, was wir tun, wenn wir arbeiten, werden wir sofort durch die Befriedigung belohnt, die wir empfinden. Wenn wir sie nicht lieben und Anstrengungen auf uns nehmen, wird die Belohnung später erfolgen. Es ist dies ein mathematisches Gesetz, und das ganze Leben ist mathematisch. Die Gegenwart ist das Ergebnis der

Vergangenheit, und die Zukunft wird das Ergebnis der Gegenwart sein. Alles, was mit dem Leben zusammenhängt, muß kämpfen. Wenn wir die Vergangenheit überblicken, erinnern wir uns gewöhnlich an die schwierigen Zeiten, an die Zeiten des Kampfes; aber Kampf ist Leben.«[20]

Wir können unsere Lebensprobleme nicht lösen, da das Leben und auch wir voll von Widersprüchen sind. Wird das Leben jedoch unser Lehrmeister, erkennen wir, daß das Leben aus einer Reihe von Ereignissen besteht und daß wir uns in einem Augenblick in einem Ereignis, im nächsten Augenblick in einem anderen Ereignis befinden. Wenn wir uns nicht bemühen, diese Ereignisse bewußt zu nehmen und wenn wir uns mit ihnen identifizieren, werden wir zu Sklaven des Lebens. Das Leben lenkt uns mit seinen verschiedenen Ereignissen, wenn wir uns nicht bemühen, diese zu transzendieren. Der einzige Weg, um mit den Problemen des Lebens fertig zu werden, besteht darin, sie dadurch zu transzendieren, daß wir uns mit ihnen nicht identifizieren. Wenn wir uns mit jedem Problem identifizieren – und das Leben ist eine Reihe von Problemen –, wird eine Bewußtseinserhöhung unmöglich. Wenn wir uns mit allem identifizieren, was in unserer äußeren Welt geschieht und dadurch uns in keinem Augenblick an unseren Wesenskern erinnern, werden wir von den Ereignissen des äußeren Lebens gelenkt. Wenn wir eine Funktion des äußeren Lebens sind, kann es keine innere Entwicklung geben. Je bewußter wir das Leben nehmen, desto weniger »Probleme« haben wir.

Wenn wir von unseren privaten Interessen, von unserer Selbstliebe, Eitelkeit, Selbstgefälligkeit, Selbstachtung, Selbstbewunderung, moralischer Arroganz, von Selbtmitleid, Selbstbetrug und Selbstrechtfertigung und vom Gefühl, immer recht zu haben, absorbiert werden, das heißt, wenn wir vollkommen mit uns selbst identifiziert sind, werden wir niemals imstande sein, positive Emotionen zu empfangen und uns in Richtung eines permanenten »Ichs« zu entwickeln.

Das Ziel der Selbstentfaltung

Jeder weiß nur für sich, was er weiß, und das muß er geheimhalten; wie er es ausspricht, sogleich ist der Widerspruch rege, und wie er sich in Streit einläßt, kommt er in sich selbst aus dem Gleichgewicht, und sein Bestes wird, wo nicht vernichtet, doch gestört . . . Wenn man einmal weiß, worauf alles ankommt, hört man auf, gesprächig zu werden.

Goethe

Das Ziel der Selbstentfaltung ist die »Ganzheit« des Menschen, als deren Inbegriff das wahre, unveränderliche und unzerstörbare »Ich« erscheint. Soll der einzelne zu dem *Wesen* werden, »das er sein soll«, so erfordert das die Erkenntnis und Relativierung der vielen Teilpersönlichkeiten, aus denen die Persönlichkeit besteht. Die verschiedenen »Ichs« gruppieren sich in Teilpersönlichkeiten in unserer Persönlichkeit; in Verbindung mit unserem Beruf, zum Beispiel, zeigen wir eine bestimmte Persönlichkeit, in unserem privaten Leben eine andere, mit Freunden eine dritte usw. Jede dieser Teilpersönlichkeiten setzt sich wiederum aus vielen Verhaltenseinheiten zusammen. Indem der Prozeß der Selbstentfaltung auf eine Ganzheit hinstrebt, erfordert er eine Auseinandersetzung mit der falschen Persönlichkeit im Menschen, mit seinen negativen Emotionen und mit seiner Identifikation, wodurch über das Wachstum des Wesenskerns eine Erweiterung des Bewußtseins und eine Wandlung des Menschen erreicht werden kann. Erfolgt diese Umwandlung nicht, so hat das Leben einen unvermindert bedingenden Einfluß auf die vielen Teilpersönlichkeiten in uns, weil das permanente, unveränderliche »Ich« fehlt und wir nicht Herr unserer selbst sind.

Bei der Selbstentfaltung ist eine Schwerpunktverlagerung innerhalb der Gesamtpersönlichkeit unumgänglich. Die Schwerpunktverlagerung ist aber nur dann erfolgreich, wenn es gelingt, den vielen Teilpersönlichkeiten in uns Grenzen nach transzendentalen Maßstäben zu setzen. So hat die Integration mechanischer Persönlichkeitskomponenten in *kritischer* Weise zu erfolgen, denn nur dadurch ist die Erreichung des notwendigen Zieles gewährleistet: die Bereicherung und Erweiterung des Wesenskernes im Sinne einer ausgewogenen, *bewußten* Ganzheit.

Für die *Ethik* ergibt sich folgende Grundwertung: Das, was zum Wachstum des Wesenskerns, das heißt zu einer bewußten und ausgewogenen Ganzheit führt, ist gut, das, was nur zur Entwicklung der falschen Persönlichkeit führt, ist schlecht. Damit ist offensichtlich, was sich schon früher abzeichnete, daß diese Art Ethik keinen Bezug zu den eigentlich sittlichen Qualitäten hat, sondern eine *pragmatische* Wertung vollzieht. Diese neue Ethik stellt an die einzelnen, für welche die allgemeinen Lösungsversuche moralischer Konflikte keine Hilfe mehr darstellen, die Forderung, sich unabhängig von den Kollektivwerten zu einer individuellen Wertung nach Maßgabe ihres Gewissens zu entscheiden.[21]

Die neue Ethik, die als Ethik des Bewußtseins bezeichnet werden kann, sagt, unsere erste und wichtigste Verpflichtung sei, zu wissen, was wir tun und warum und wozu wir es tun. Was immer wir im Wissen der Verantwortung tun, ist ethisch gut. Die Erweckung dieses Bewußtseins im Einklang mit dem Gewissen kann, nach H. Keyserling, als Aufgabe der Zukunft angesehen werden.

Herr seiner selbst sein, bedeutet in den Worten eines japanischen Meisters: »Wir müssen die Herrschaft des Ich (des unwandelbaren, großen ›Ich‹, A. d. V.) über den ganzen Körper herstellen. Wir müssen diesen benutzen wie unsere Kleider, um unsere edlen Ziele zu erreichen. Befehlen wir dem Körper, daß er unter einer kalten Dusche bei rauhem Wetter nicht erschauert, durch schlaflose Nächte nicht nervös wird, daß keine Nahrung ihn krank macht, daß er unter dem Messer des Chirurgen nicht stöhnt, nicht erliegt, wenn er einen ganzen Tag in der Hochsommersonne stehen muß und sich im Getümmel des Schlachtfeldes nie erregt.«[22]

Ein Mensch, der diese Meisterschaft erreicht hat, der durch die Maske seiner vielen Teilpersönlichkeiten hindurchsieht, ist zu seinem Wesenskern durchgestoßen. Das Selbst entfaltet sich von innerer Entscheidung zu innerer Entscheidung, im inneren Kampf zwischen unseren Neigungen und Abneigungen, von Opfer zu Opfer.

Ausblick

Weise Lebensführung gelingt keinem Menschen durch Zufall. Man muß, so lange man lebt, lernen, wie man leben soll.

Seneca

Der Leser wird fragen: Was ist nun das Selbst oder das unveränderliche Ich im Menschen? Auf diese

Frage läßt sich genau so viel antworten, und sie selber ist damit so wenig beantwortet, – wie auf die Frage: Was ist Gott? Wenn je Menschen etwas von Gott erfahren haben, dann durch das Leben im Glauben, sicher aber nicht durch die »Wissenschaft« der Theologie.[23] Ebenso steht es mit unserem Wissen zum Selbst. Was das Selbst konkret ist, das muß der einzelne an sich oder an einem Du erfahren. Man muß es als das *freie und schöpferische Prinzip* im Menschen begreifen, als die dem Menschen aufgegebene *innere Freiheit*, die er in seinem Dasein durch Arbeit an sich selbst zu verwirklichen hat. Aber damit läßt sich das Selbst nur im allgemeinen beschreiben.

Jeder, der ehrlichen Willens ist, kann zumindest die eine Erfahrung machen: daß er zum Selbstsein, zum Herrn seiner selbst aufgerufen ist. Dieser Aufruf kann ihn überall treffen, in seiner Arbeit wie auf dem Gipfel eines Berges, an einem heiligen Ort, in einem Gespräch oder beim Lesen eines Buches.

Wer diesen Aufruf von der Welt her ernst nimmt und an sich selbst zu arbeiten beginnt, für den bedeutet er unter Umständen eine völlige Neuorientierung des Lebens. Ist einem Menschen einmal bis zum Grunde bewußt geworden, daß er alles, was er tut, aus innerer Freiheit heraus tun soll und daß nichts anderes ihn bestimmen kann als er selbst und sein Gewissen, dann bekommt das Dasein für ihn ein neues Gesicht. Er wird Entscheidungen treffen, die seinen Mitmenschen oft unverständlich sind, oder durch die er Freunde verliert. Der Anruf des Gewissens trifft den einzelnen immer wieder, auch wenn er schon »auf dem Weg« ist.

Wohin führt dieser Weg? Der Aufgerufene spürt zwar, daß er ein ganz bestimmtes Ziel hat, er vermag vielleicht auch den nächsten Schritt zu benennen, aber wenn man ihn nach seinem letzten Ziel fragt, so wird er selten ein konkrete Angabe machen können. Er wird vielleicht sein Ziel mit den Worten umschreiben: »mit sich und der Welt in Frieden zu sein«, oder »Freude im Herzen zu finden, wenn die Zeit des Kummers kommt«. Die Arbeit an sich selbst kann kein bestimmtes Ziel verfolgen. Sie kann uns den besten Weg aufzeigen, um jedes Ziel, was immer es sei, zu erreichen. Der Weg besteht im Grunde darin, ernste Dinge ernst zu nehmen und das Beste aus den Dingen zu machen. Es kommt im wesentlichen auf die Einhaltung der *Distanz zu den täglichen Anforderungen* an, zu den Informationsüberflutungen und zu den Meinungen und Ansichten unserer Mitmenschen, die uns alle heute ständig bei unserer Arbeit fesseln. Wenn wir erkannt haben, daß wir eine viel größere Anzahl von Rollen spielen können als wir für uns für möglich halten, werden wir uns von den Belastungen, Terminen und Anforderungen der äußeren Welt nicht unterkriegen lassen. Der Verinnerlichungsprozeß liegt als Notwendigkeit vor uns, nachdem eine Periode der Veräußerlichung großen Stils ihren Abschluß gefunden hat. Es geht darum, diesen Prozeß in Bahnen zu lenken, auf denen er die Berührung mit der realen Welt nicht verliert und die Gestaltung des Lebens auf einer höheren Stufe in Angriff nehmen kann. Dort wo der Aufruf zur inneren Wandlung nicht vernommen oder zurückgewiesen wird, sind Menschen von Ängsten geplagt, werden von ihren Zielen gehetzt, die sie sich in der äußeren Welt als Sklaven der Meinungen anderer gesetzt haben oder suchen Erlösung im Alkohol und in Drogen. Hinter allem steht das eine, daß ihr Wissen nicht im Einklang mit ihrem Sein steht, daß es an Weisheit fehlt, daß sie

nicht »zu Hause« oder bei sich selbst sind – weil sie der Spielball äußerer Kräfte sind.
Der Mensch, der wahrhaft als er selbst in der äußeren Welt lebt, der Herr seiner selbst ist, hat das Ewige in sein Dasein getragen und Zeit und Ewigkeit versöhnt. Das ist keine Philosophie der Resignation, sondern die einzig mögliche, kreative Einstellung zum Leben. Nur wer Herr seiner selbst ist, kann andere ohne Zwang führen. Autorität ist Ausstrahlung eines überlegenen Wissens und Seins, der Arbeit an sich selbst.
Herrscht ein ganz Großer, so merkt man nach Laotse äußerlich kaum, daß er da ist, jeder fühlt sich selbständig und tut doch jenes Willen. Ein Großer wirkt durch sein Wissen und Sein, und zwar unwillkürlich; jemand ist ganz selbstverständlich überlegen, oder er ist es nicht, absichtlich überlegen zu sein, ist nach H. Keyserling unmöglich.
Jeder muß, abschließend, seinen Weg finden; es gibt keinen allgemeingültigen Weg, weshalb der suchende Mensch eher einem Strategen im wirtschaftlichen oder militärischen Bereich als einem Begriffstüftler zu vergleichen ist.[24] Ein sinnvolles Leben ist nicht verwirklicht, wenn man den Schwierigkeiten ausweicht, sondern wenn man sie durchsteht und in bewußter Anstrengung und in absichtlichem Leiden sich auch den Befürfnissen des anderen öffnet. Diese Dynamik läßt sich erreichen, indem der Mensch versucht, die höchstmögliche Spannung bewußt zu verkörpern und zu erfüllen. Vorwärts kommt nur der, der alles von sich und von anderen nur so viel erwartet, als unumgänglich scheint, den eigenen Weg zu einem höheren Seinsniveau selbst zu finden.
»Erfolg im Leben hat der gehabt«, sagt Stevenson, »der anständig gelebt, oft gelacht und viel geliebt

hat; der die Achtung kluger Männer und die Liebe der Kinder gewann; der seinen Platz ausgefüllt und seine Aufgabe bewältigt hat, der die Welt besser zurückläßt, als er sie vorfand, sei es durch eine verbesserte Mohnsorte, ein vollkommenes Gedicht oder eine gerettete Seele; der stets die Schönheit der Natur zu schätzen wußte und das auch zu erkennen gab; der das Beste in anderen sah und selbst sein Bestes gab.«

Anmerkungen:

[1] P. D. OUSPENSKY, *Auf der Suche nach dem Wunderbaren*, a. a. O., S. 93–96.

[2] P. D. OUSPENSKY, *Auf der Suche nach dem Wunderbaren*, a. a. O., S. 318–320.

[3] Vgl. hierzu ausführlich M. NICOLL, *Psychological Commentaries on the Teaching of Gurdjieff & Ouspensky*, Band 1, a. a. O., S. 29 ff.

[4] Vgl. hierzu G. I. GURDJIEFF, *Begegnungen mit bemerkenswerten Menschen*, Freiburg im Breisgau 1978, S. 267 ff.

[5] H. KEYSERLING, *Politik, Wirtschaft, Weisheit.* Darmstadt 1922, S. 189.

[6] P. D. OUSPENSKY, *Die Psychologie der möglichen Evolution des Menschen*, a. a. O., S. 98–101.

[7] Vgl. hierzu ausführlich G. I. GURDJIEFF, *All und Alles. Beelzebubs Erzählungen für seinen Enkel. Eine objektiv unparteiische Kritik des Lebens des Menschen.* Basel 1981, S. 1271 ff.

[8] H. KEYSERLING, *Das Erbe der Schule der Weisheit*, I. Band, a. a. O., S. 66.

[9] Vgl. hierzu ausführlich K. DÜRCKHEIM, *Durchbruch zum Wesen*, a. a. O., S. 166 ff.

[10] Vgl. hierzu K. R. SPEETH u. I. FRIEDLANDER, *Gurdjieff: Seeker of the Truth.* New York-Toronto 1980, S. 49 ff.

[11] Vgl. hierzu G. I. Gurdjieff, *All und Alles. Beelzebubs Erzählungen für seinen Enkel*, a. a. O., S. 1260. Eine ähnliche Ansicht vertritt C. CASTANEDA in seinen Büchern.

[12] Vgl. C. WILSON, *The War Against Sleep*, a. a. O., S. 79.

[13] Vgl. hier insbesondere C. CASTANEDA, *Die Lehren des Don Juan. Ein Yaqui-Weg des Wissens*, Frankfurt am Main 1978 und vom selben Verfasser, *Reise nach Ixtlan. Die Lehre des Don Juan.* Frankfurt am Main 1977; siehe auch R. S. de

ROPP, *Warrior's Way. The Challenging Life Games.* 2. Aufl. New York 1979, S. 360 ff.

[14] Diese Ideen sind einfach und wurden von vielen Lehrern formuliert. Castaneda führt jedoch noch andere Ideen ein, darunter die des *Verbündeten.* Der Verbündete wird als Macht definiert, die ein Mensch in sein Leben bringen kann, um ihm zu helfen und ihm die notwendige Kraft zu geben, gewisse Tätigkeiten zu vollbringen. Der Verbündete C. Castanedas entspricht bestimmten Energien, die Gurdjieff nur wenigen Mitgliedern des inneren Kreises der Menschheit und Bennett nur wenigen »Meistern der Weisheit« zuschreibt. Vgl. hierzu auch J. G. BENNETT, *Die Meister der Weisheit,* Freiburg im Breisgau 1980, S. 84 ff.

[15] Zitiert aus J. G. BENETT, *Gurdjieff – Aufbau einer neuen Welt,* a. a. O., S. 22.

[16] Vgl. hierzu H. KRÄMER, *Selbstverwirklichung,* a. a. O., S. 36–38.

[17] H. KRÄMER, *Selbstverwirklichung,* a. a. O., S. 38.

[18] Vgl. hierzu L. P. ELWELL-SUTTON, *Sufism & Pseudo-Sufism.* In: »Encounter«, XLIV, Nr. 5, S. 17 (1975).

[19] Zitiert aus C. S. NOTT, *Teachings of Gurdjieff. A Pupil's Journal,* a. a. O., S. 56.

[20] Zitiert aus C. S. NOTT, *Teachings of Gurdjieff. A Pupil's Journal,* a. a. O., S. 64.

[21] Diese tiefenpsychologische Ethik, zu der sich u. a. C. G. JUNG und E. NEUMANN bekennen, paßt sich dem individuell verschiedenen Reifegrad der Menschen und den psychologischen Verschiedenartigkeiten an. Vgl. hierzu F. J. KAUNE, *Selbstverwirklichung. Eine Konfrontation der Psychologie C. G. Jungs mit der Ethik.* München-Basel 1967, S. 125 ff.

[22] Zitiert aus H. KEYSERLING, *Das Buch vom Ursprung,* Bühl/Baden 1947, S. 263.

[23] Wir folgen den Ausführungen von F. J. KAUNE, *Selbstverwirklichung,* a. a. O., S. 164 ff.

[24] Vgl. hierzu H. KEYSERLING, *Das Erbe der Schule der Weisheit,* I. Band, a. a. O., S. XIII ff.

Anhang

Du hast *eine* Pflicht zu erfüllen.
Tue irgend etwas anderes, mach jede Anzahl von Sachen, nutze deine Zeit voll, und doch, wenn du *diese* Aufgabe nicht erfüllst, wird deine ganze Zeit verschwendet sein.

Rumi

Das Enneagramm

Die besten Bücher sind die, von denen jeder Leser meint, er habe sie selbst machen können.

Blaise Pascal

Das menschliche Handeln, ja die gesamte Ordnung des menschlichen Daseins und der menschlichen Gesellschaft in ihrem Verhältnis zur unbelebten Natur ist zu einem sehr wesentlichen Teil durch die Erfahrung bestimmt, daß gleiche Ursachen gleiche Wirkungen haben. Man kann das *Kausalitätsprinzip* so formulieren: Sind in irgendeinem Augenblick sämtliche Größen quantitativ bekannt, die die Zustände sämtlicher an einem Naturvorgang beteiligten Dinge erschöpfend beschreiben, so ist es wenigstens gedanklich möglich, sowohl seinen vorhergehenden als auch seinen weiteren Verlauf in allen Einzelheiten aufgrund der Naturgesetze eindeutig zu berechnen. Man drückt das auch so aus: Alle

Naturgesetze sind streng determiniert. In der klassischen Physik wird das mit vollem Recht als richtig unterstellt.

Die Frage nach der Geltung des Kausalitätsprinzips, das in den letzten Jahrhunderten besonders das europäische Denken in vielen Bereichen des Lebens, der Wissenschaften und der Technik prägte, läßt sich in der folgenden Form stellen: Ist es möglich, die Gesetze für *alle* physikalischen Vorgänge so zu formulieren, daß, wenn die Anfangsbedingungen eines Vorganges bekannt sind, sichere, d. h. regelmäßig bestätigte Voraussagen möglich werden? Diese Frage muß nach heutiger Erkenntnis verneint werden (Indeterminismus).
In der Tat besteht ein derart strenger Determinismus bei den Elementarvorgängen an den Atomen nicht, sondern über sie können nur statistische Aussagen gemacht werden. Die Gesetze z. B. der Quantenmechanik sind statistischer Art.

Eine noch stärkere Einschränkung des Kausalitätsprinzips geht von den Sozial- und Wirtschaftswissenschaften aus. Die Folge der Ereignisse oder der Prozeß P, der die Ursache A mit der Wirkung B verbindet, stößt in der Regel auf Umweltbedingungen U, die den einfachen Kausalzusammenhang AB unterbrechen; bei bekanntem A läßt sich B nicht mehr mit Sicherheit vorhersagen. Der Prozeß P weicht somit von dem erwarteten Kausalzusammenhang ab und führt zu einer modifizierten Wirkung B' (Abb. 1).[1]

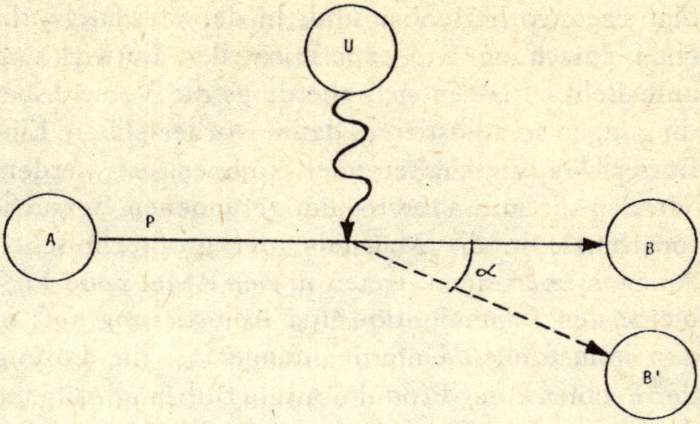

Abb. 1: Durchbrechung des Kausalzusammenhanges AB durch Umwelteinflüsse U (nach J. G. Bennett)

In Abb. 1 ist der Kausalzusammenhang AB durch Umwelteinflüsse U durchbrochen und durch die Unbestimmtheitsrelation AUB' ersetzt. Ein Mann z. B. will von A nach B; unterwegs trifft er den Freund U, ändert seinen Plan und geht nach B'. Abweichungen dieser Art finden sich in allen Prozessen, die den Gesetzen unserer Existenz unterworfen sind. Dies erklärt den Charakter der Unsicherheit und des Zufalls vieler Ereignisse im menschlichen Leben und in der Welt.

Der unterbrochene Kausalzusammenhang P kann allerdings durch sekundäre Einflüsse E wieder hergestellt werden, so daß das ursprüngliche Ziel B erreicht wird (Abb. 2). Der Mann, der seinen Freund U getroffen hat, kann z. B. eine Botschaft erhalten, daß er in B erwartet wird und deshalb seinen ursprünglichen Weg weitergehen. Das Beispiel ist natürlich eine starke Vereinfachung, da in Wirklichkeit die Abweichungstendenzen so zahlreich sind, daß sie unvorhersehbar sind. In der wissenschaftlichen Forschung und experimentellen Entwicklung zum Beispiel lassen sich allerdings die Versuchsbedingungen so adjustieren, daß unvorhersehbare Einflüsse U ausgeschaltet oder kompensiert werden. Werden die im Laboratorium gefundenen Versuchsergebnisse in die Maßstäbe der großtechnischen Anlagen übertragen, treten in der Regel neue Probleme der Kompensation und Adjustierung auf; in den industriellen Unternehmungen ist die Lösung der Probleme der Produktionsüberführung Aufgabe der technischen Bereiche und erfordert einen tiefen Einblick in Gesamtzusammenhänge, der erst durch lange Erfahrung gewonnen werden kann.

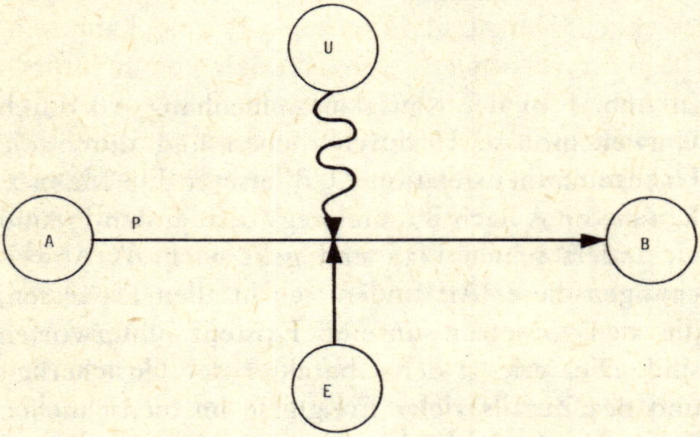

Abb. 2: Die Korrektur der Abweichung nach (J. G. Bennett)

Auch wenn alle möglichen Vorkehrungen getroffen werden, läßt sich die Unsicherheit niemals ganz ausschalten und das Ergebnis eines Prozesses entspricht nie genau dem geplanten Resultat B. Dies gilt für alle menschlichen Handlungen und wir können dies auch bei allen geführten Prozessen erwarten, die den Bedingungen von Raum und Zeit unterworfen sind. Die Potentialität ist immer größer als jede mögliche Aktualisierung. Obwohl die genaue Verwirklichung eines Planes theoretisch möglich ist, sind die Chancen dagegen so groß, daß eine vollständige Zielerreichung in Wirklichkeit nicht möglich ist.

Faßt man A als den gesamten Kausalzusammenhang auf und B als das Ziel, bleibt die Unvermeidbarkeit einer Abweichung bestehen. A kann nicht alle Einflüsse umfassen, die einen einmal begonnenen Prozeß beeinflussen; B kann ebenfalls nicht alle zukünftigen Bedingungen einschließen, von denen der Erfolg oder Mißerfolg einer Handlung abhängt; die Ziele sind, mit anderen Worten, nicht fest, sondern beweglich. Der Mann in unserem Beispiel kann sein Ziel B erreichen und feststellen, daß eine unvorhergesehene, außer seiner Kontrolle liegende Änderung des Planes seine Reise nutzlos gemacht hat. Verallgemeinert man diese Überlegungen, ergibt sich, daß ein kausaler und/oder geplanter Prozeß nur dann abgeschlossen wird und sein Ziel erreicht, wenn er unter *künstlich herbeigeführten Umweltbedingungen* verläuft.[2]

Diese Aussage wird durch die Erfahrung bestätigt und ist die im Grunde selbstverständliche Konsequenz des Charakters der Bedingungen von Raum und Zeit; gleichwohl wird diese Tatsache häufig in Wissenschaft, Wirtschaft und Technik nicht beachtet. Die Voraussetzung »künstlich herbeigeführter Umweltbedingungen« ist von großer Bedeutung und muß als Schlüssel für das Verständnis vieler Probleme angesehen werden.

Jede Tätigkeit, jeder Prozeß, sich selbst überlassen, verändert automatisch seine Richtung und schlägt schließlich in sein Gegenteil um. Um nicht von dieser natürlichen Gegenläufigkeit mitgerissen zu werden und die Führung zu wahren, gilt es daher, zwei Arten von Bedingungen zu trennen und unter Kontrolle zu halten:

(1) Bedingungen, die in einem Prozeß die anfängliche Richtung bestimmen und

(2) Bedingungen, die die notwendigen Adjustierungen und Anpassungen bewirken, damit das – in der Regel bewegliche – Ziel erreicht werden kann.

Bei selbstregelnden Mechanismen, z. B., sind der primäre Mechanismus – die physikalische Arbeitsleistung – und die Rückkoppelung, die die Anpassung an wechselnde Umweltbedingungen ermöglicht, unabhängig voneinander vorhanden. Die Kybernetik berücksichtigt die Möglichkeit, den Endpunkt oder Soll-Zustand so zu verändern, daß der Mechanismus nicht nur sich selbst regelt, sondern sich auch selbst verbessert; in diesem Fall tritt eine dritte unabhängige Operation in Erscheinung: die Überprüfung der Endbedingungen und erzielten oder erzielbaren Ergebnisse und ihr Vergleich mit den geplanten Resultaten. Rückkoppelung, Verbesserung des Endergebnisses und Primärkonstruktion bilden die Elemente einer Triade.

Das *Enneagramm* beschreibt im wesentlichen drei unabhängige Vorgänge, die einander gegenseitig genau an den Punkten unterstützen, wo zielgerichtete Prozesse, wenn ihnen eine solche Unterstützung fehlte, ihre Richtung verlieren würden. Das Enneagramm ist ein dreifaches Symbol: Dreieck und Sechseck, die in einem Kreis eingefügt sind (Abb. 3).

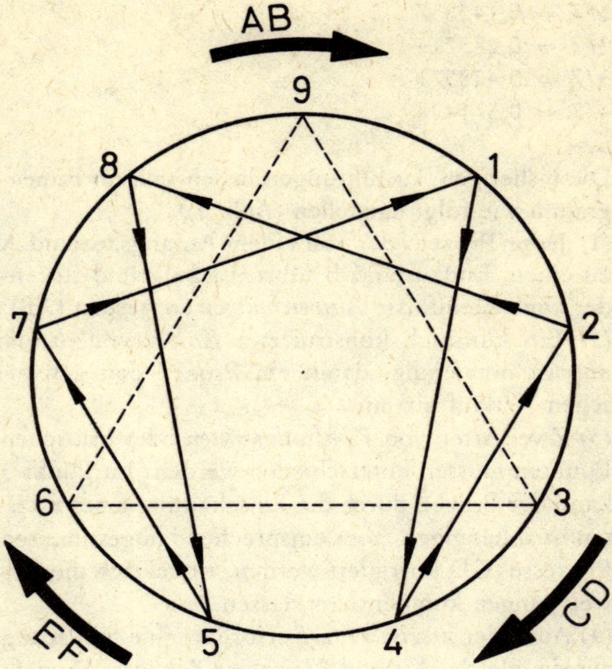

Abb. 3: Das Enneagramm (nach J. G. Bennett)

Es gibt viele Möglichkeiten der Deutung dieses Symbols. Numeriert man die Punkte auf der Kreislinie von 1 bis 9 (funktionaler Zyklus), erhält man die Dreiecksnummern 3-6-9 (Zusammenspiel zwischen der Einleitung des Prozesses, seiner Selbstregelung und der Vollendung der Ergebnisse) und die Sechsecknummern 1-4-2-8-5-7 (Willenszyklus). Die Zahlenfolge 1-4-2-8-5-7 ergibt sich bei der Teilung einer ganzen Zahl durch sieben und ist die bekannte, regelmäßig wiederkehrende Zahlenfolge im Dezimalbruch[3]:

1/7 = 0,142857 ......
2/7 = 0,285714 ......
3/7 = 0,428571 ......
4/7 = 0,571428 ......
usw.

Die bisherigen Ausführungen lassen sich im Enneagramm wie folgt darstellen (Abb. 3)[4]:

(1) Jeder Prozeß, der von einem Anfangszustand A zu einem Endzustand B führt, ist aufgrund störender Umwelteinflüsse *Abweichungen* ausgesetzt (AB).

(2) Ein künstlich konstruierter *Korrekturmechanismus* ist notwendig, damit ein Prozeß den gewünschen Verlauf nimmt.

(3) Zwei Arten von *Kontrollpunkten* oder kritischen Punkten müssen unterschieden werden: Im Punkt 3 kann der Prozeß durch die Einschaltung eines zweiten unabhängigen, aber entsprechend abgestimmten Prozesses CD korrigiert werden, wobei sich die Abweichungen kompensieren lassen.

(4) Auch der *zweite Prozeß* erfordert eine Steuerung auf die gleiche Art und Weise wie der erste Prozeß. Diese zweite Führung EF im zweiten kritischen Punkt 6 in Richtung auf das – in der Regel bewegliche – Ziel bringt das System in ein *dynamisches Gleichgewicht*, das so lange aufrecht erhalten werden kann, als das System besteht.

(5) Die drei Prozesse – Initiierung des Prozesses AB, Korrektur CD und Vollendung der Ergebnisse EF – müssen so geführt werden, daß sie sich nach jedem Berührungspunkt gegenseitig verstärken.

(6) Unabhängig von den erwähnten drei Prozessen, die das Endergebnis hervorbringen, muß in jedem zielgerichteten System ein *Zusammenspiel* von koordinierten *Führungseingriffen* stattfinden, die das System vor dem Zusammenbruch oder vor Degeneration bewahren. Dadurch werden die *künstlich her-*

beigeführten Umweltbedingungen verwirklicht, die für die Vollendung eines jeden zielgerichteten Prozesses notwendig sind.

Diese diversen Anforderungen lassen sich zusammenfassend sehr anschaulich mit Hilfe des Symbols des Enneagramms ausdrücken:

(1) Die *drei unabhängigen Prozesse* (unabhängige Triade) AB, CD und EF entsprechen den Punkten des Dreiecks 9-3-6; sie ergeben die Dynamik der Struktur; die kritischen Punkte stellen mit anderen Worten, Energie-Inputs dar.

(2) Der *Führungsprozeß* wird durch die innere Konstruktion entsprechend den sechs Punkten 1-4-2-8-5-7 dargestellt; die Pfeile geben den Fluß der Führungsimpulse in der Struktur an.

(3) Der *funktionale Zyklus* wird durch den Kreisumfang entsprechend der Punkte 9-1-2-3-4-5-6-7-8 ausgedrückt; auf der Kreislinie ergibt sich, mit anderen Worten, die chronologische Abfolge eines Prozesses.

Das Enneagramm ermöglicht es, sowohl das Ziel eines Prozesses als auch die Unsicherheit seiner Verwirklichung zu berücksichtigen.

Der erste Prozeß AB geht in den Führungsprozeß im Punkt 1 ein; er erreicht den ersten kritischen Punkt in 3, wo er mit dem Prozeß CD zusammentrifft. Beide Prozesse verlaufen gemeinsam über 4 und 5, bis sie im zweiten kritischen Punkt 6 auf den Prozeß EF stoßen, der eine Korrektur auf das Ziel hin vornimmt. Die Vollendung von AB erfolgt im Punkt 9, wo die letzten Zufallselemente überwunden werden müssen. Die Überwindung des Zufalls und der Unsicherheit ist eine Synthese aus *Dynamik, Flexibilität und Zusammenhalt.* Die Dynamik ermöglicht das Arbeiten des Prozesses, die Flexibilität ist Voraussetzung für das Überleben und Wachsen

des Systems und eine effiziente Führung bringt Zusammenhalt und Integration komplexer Prozesse und Maßnahmen.
Das Denkschema, das durch das Enneagramm symbolisiert wird, mag künstlich und gezwungen erscheinen; seine Anwendung in vielen Bereichen des Lebens zeigt jedoch, daß es die *Mindestanforderungen* eines dynamischen Gleichgewichtes ausdrückt.

Anmerkungen:

[1] Die folgenden Ausführungen folgen J. G. BENNETT, *Enneagram Studies.* Moorcote 1983, S. 17 ff.

[2] Vgl. hierzu ausführlich BENNETT, J. G., *The Dramatic Universe,* Vol. III, Man and His Nature, Sherborne 1976, S. 67 ff.

[3] Diese Eigenschaft gibt es nur in einem Dezimalsystem, was darauf hindeutet, daß diese Form des Enneagramms erst im 14. Jahrhundert entwickelt wurde, nachdem die Mathematiker Zentralasiens die moderne Zahlentheorie begründet hatten, indem sie der Null ein besonderes Symbol gaben. Das Enneagramm und die Ideen, die es darstellt, dürften jedoch vor ungefähr 2 500 Jahren in Mesopotamien entstanden und chaldäischen Ursprungs sein. Das Enneagramm wurde angeblich von G. I. GURDJIEFF in einer Sufi-Schule in Zentralasien entdeckt.
Vgl. hierzu BENNETT, J. G., Gurdjieff – Der Aufbau einer neuen Welt, a. a. O., S. 314 ff. und KEYSERLING, A., Geschichte der Denkstile, a. a. O., S. 206 ff.

[4] Wir folgen J. G. BENNETT, *Enneagram Studies,* a. a. O., S. 20 ff.

Beispiele:

Alles hat seine Grenze;
was darüber hinausgeht, ist Übertreibung, und was darunter bleibt, ist Schwäche.

Kalila und Dimna

Die Ausführung einer Forschungsarbeit
(nach I. B. Popoff)

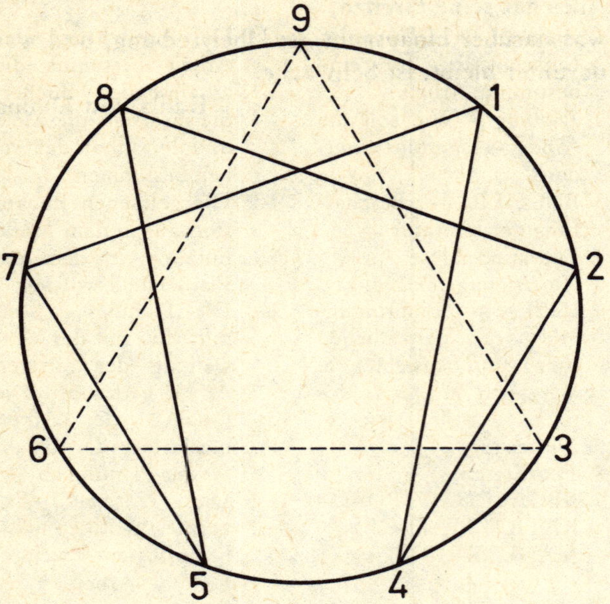

Bilderläuterung: 1 = Auswahl des Themas; 2 = Planung; 3 = BÜCHER; 4 = Literaturanalyse; 5 = Notizen; 6 = IDEEN; 7 = Niederschrift der Arbeit; 8 = Endredaktion; 9 = Forschungsarbeit

Funktionaler (linearer) Zyklus	**Führungszyklus (innerer Zyklus)**
1 *Auswahl des Themas* – Entscheidung für eine bestimmte Arbeit 2 *Planung* – Wie soll die Arbeit ausgeführt werden? 3 BÜCHER – Beschaffung der Literatur 4 Literaturanalyse 5 *Anfertigung von Notizen* 6 IDEEN – Einbringungen von persönlichen Ideen und Ansichten u. Vergleich mit den Notizen 7 *Niederschrift* 8 *Endreaktion* 9 ABGABE BZW. PUBLIKATIONSFÄHIGES MANUSKRIPT	1–4 Die Ausrichtung der Arbeit bestimmt die zu lesenden Bücher, die ihrerseits die Ziele und den Inhalt der Arbeit bestimmen 4–2 Die gelesenen Bücher sind nur in dem Maße nützlich, in dem ein Plan erstellt wurde 2–8 Die Planung ist unmittelbar mit der Vorstellung der fertigen Arbeit verknüpft. Die Qualität der Arbeit hängt von der Qualität der Planung ab 8–5 Die Notizen, Exzerpte, Kritiken usw. beeinflussen weitgehend die Arbeit 5–7 Die Notizen, Anmerkungen usw. müssen mit eigenen Ideen zu einer kohärenten Arbeit ausgestaltet werden 7–1 Die Arbeit wird im Hinblick auf die gewählte Themenstellung niedergeschrieben

Triade

9 Wissenschaftlicher Fortschritt
3 Stand des Wissens
6 Eigene Kreativität

Die Gestaltung des Innovationsprozesses
(modifiziert nach C. E. King)

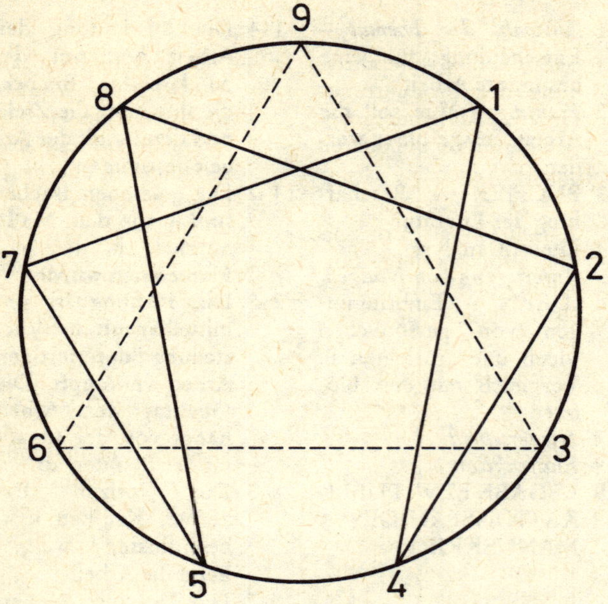

Bilderläuterung: 1 = Spezifikation; 2 = Entwurf; 3 = PRODUKTE/RESSOURCEN; 4 = Prinzipbau, Muster oder Modell; 5 = Verbesserter Entwurf (Werkstattzeichnung); 6 = MÄRKTE; 7 = Prototyp; 8 = Qualitätskontrolle; 9 = UNTERNEHMUNGSLEITUNG

Funktionaler (linearer) Zyklus

1 *Spezifikation* – Beschreibung der Produktfunktionen, Abnehmergruppen und verwendbaren Technologien

2 *Entwurf* – als Ergebnis von Projektierung, Forschung und Entwicklung sowie Design

3 PRODUKTE/RESSOURCEN – verbinden die Unternehmung mit dem Markt

4 *Prinzipbau, Muster oder Modell* – Umsetzung des Entwurfs in ein kritikfähiges und überprüfbares Modell

5 Verbesserter Entwurf/Werkstattzeichnung zur optimalen Gestaltung der Produktion

6 MÄRKTE: Marktforschung, Anregungen usw. zwecks Abschätzung des gewünschten Perfektionsgrades und Preis-Leistungs-Verhältnisses des Produktes

(Fortsetzung nächste Seite, 1. Spalte)

Führungszyklus (innerer Zyklus)

1–4 Die Spezifikation als Ausdruck der Wettbewerbsstrategie wird im Hinblick auf ein kritikfähiges u. überprüfbares Modell erarbeitet

4–2 Voraussetzung hierfür ist ein Entwurf oder eine vorläufige Werkstattzeichnung

2–8 Der Entwurf ist abhängig von der angestrebten Qualität und vom gewünschten Preis-Leistungs-Verhältnis des Produktes

8–5 Der verbesserte Entwurf oder die Werkstattzeichnung schließt den Planungsprozeß ab

5–7 Die Produktionsüberführung kann erst beginnen, wenn der Prototyp allen Anforderungen entspricht

7–1 Die Produktion im industriellen Maßstab läuft an, wenn der Prototyp die Verkörperung der Spezifikation ist und alle technischen Probleme gelöst sind

Funktionaler (linearer) Zyklus

(Fortsetzung)

7 *Prototyp* als Vorlage für die neuen Produkte, die alle Abbildungen oder Kopien des Prototyps sind
8 *Qualitätskontrolle:* Sie darf den Interessen weder der Unternehmungsleitung noch der Produktion untergeordnet sein
9 UNTERNEHMUNGSLEITUNG – Der Wille, Beiträge zur Lösung gesellschaftlicher Probleme zu leisten und die Gewinnperspektiven der Unternehmung langfristig zu verbessern

Triade

9 Entscheidung der Unternehmungsleitung, ein neues Produkt einführen
3 Entwicklung und/oder Bereitstellung der Ressourcen
6 Bedürfnisse des Marktes und Anforderungen der Umwelt

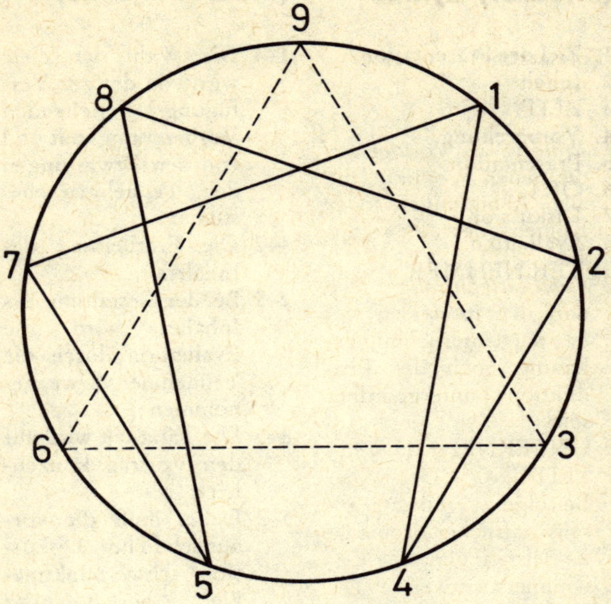

Bilderläuterung: 1 = Ziele; 2 = Inhalt; 3 = ZEIT; 4 = Vorbereitung; 5 = Präsentation; 6 = ORT; 7 = Diskussion; 8 = Evaluation; 9 = PUBLIKUM

Funktionaler (linearer) Zyklus

1. Ziel der Präsentation
2. Inhalt
3. ZEIT
4. Vorbereitung
5. Präsentation
6. ORT
7. Diskussion
8. Evaluation
9. TEILNEHMER

Führungszyklus (innerer Zyklus)

1–4 Die Wahl der Ziele wird von der zur Verfügung stehenden Vorbereitungszeit und von den Erwartungen der Teilnehmer bestimmt

4–2 Die Erarbeitung des Inhaltes

2–8 Bei der Gestaltung des Inhaltes wird die Evaluation durch die Teilnehmer vorweggenommen

8–5 Die Tätigkeit wird auf den Vortrag konzentriert

5–7 Dabei muß die voraussichtliche Diskussion schwerpunktmäßig berücksichtigt werden

7–1 Als letztes gilt es, die Ziele keinen Augenblick aus den Augen zu verlieren

Triade

9 Publikum
3 Zeit
6 Ort

Reparatur eines Gerätes
(nach I. G. Popoff)

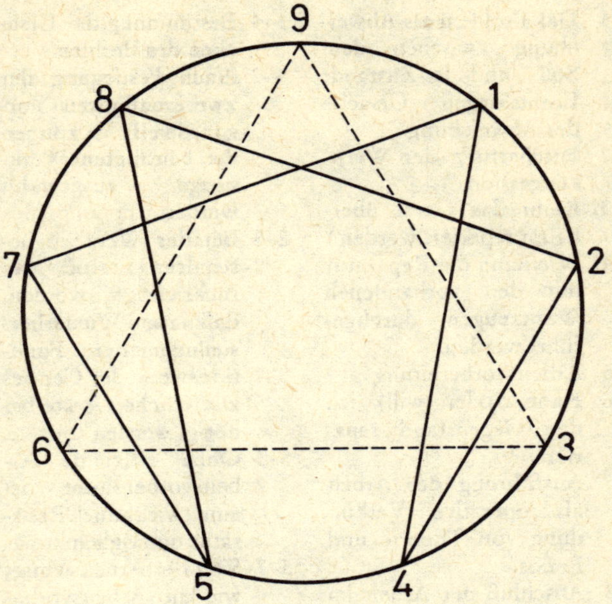

Bilderläuterung: 1 = Problemanalyse; 2 = Beschaffung der Werkzeuge; 3 = REPARATUR MÖGLICH?; 4 = Reparaturplan; 5 = Arbeitsvorbereitung; 6 = VON MIR AUSFÜHRBAR; 7 = Ausführung der Arbeit; 8 = Wiederherstellung bzw. Verbesserung der Funktionsfähigkeit; 9 = TEST

Funktionaler (linearer) Zyklus

1 Das Problem als Abweichung zwischen dem Soll- und Ist-Zustand; Ermittlung der Ursache der Abweichung
2 Beschaffung der Werkzeuge
3 Kann das Gerät überhaupt repariert werden?
4 Wie kann die Reparatur mit den vorhandenen Werkzeugen durchgeführt werden?
5 Arbeitsvorbereitung
6 Kann (oder will) ich den Gegenstand reparieren?
7 Ausführung der Arbeit als operative Verbindung von Theorie und Praxis
8 Abschluß der Arbeit im Sinne der Wiederherstellung oder der Verbesserung der Funktionsfähigkeit des Gerätes
9 Erprobung

Führungszyklus (innerer Zyklus)

1–4 Bestimmung der Ursachen des Problems
4–2 Nach Festlegung der zweckmäßigsten Vorgangsweise können die benötigten Werkzeuge ausgewählt werden
2–8 Bei der Werkzeugbeschaffung muß berücksichtigt werden, daß zur Wiederherstellung der Funktionsweise des Gerätes zusätzliche Geräte benötigt werden
8–5 Ohne effiziente Arbeitsvorbereitung ist eine wirksame Reparatur unmöglich
5–7 Von der Art u. Weise, wie die Arbeitsvorbereitung ausgeführt wurde, hängt die Qualität der Reparatur ab
7–1 Die Reparaturarbeiten müssen sich auf die Beseitigung der Abweichungsursachen beziehen

Triade

9 Test
3 Ist eine Reparatur überhaupt möglich?
6 Kann ich die Reparatur ausführen?

Literatur

ADLER, A.: Der Sinn des Lebens. Frankfurt am Main 1973.

ANDERSON, M.: The Unknowable Gurdjieff. London 1962.

ASSAGIOLI, R.: Psychosynthesis. A Manual of Principles and Techniques. New York 1965 (dt.: Handbuch der Psychosynthesis. Angewandte Transpersonale Psychologie. Freiburg 1978).

AUREL, Marc: Selbstbetrachtungen. Stuttgart 1973.

BENJAMIN, H.: Basic Self-Knowledge. 6. Auflage. New York 1980.

BENNETT, J. G.: A Spiritual Psychology. Sherborne 1974 (dt.: Eine spirituelle Psychologie. Frankfurt am Main 1977).

Deeper Man (dt.: Die inneren Welten des Menschen. Südergellersen 1983).

(Dt.: Das Durchqueren des großen Wassers. München 1983.)

The Dramatic Universe. 4 Bände. Sherborne 1976.

The Enneagram. Sherborne 1977.

Gurdjieff: A Very Great Enigma. Surrey 1969.

Gurdjieff: Making a New World. London 1979 (dt.: Gurdjieff – Der Aufbau einer neuen Welt. Freiburg im Breisgau 1976).

Gurdjieff Today. Sherborne 1974.

Hazard. Sherborne (dt.: Hasard. Frankfurt am Main 1979).

The Masters of Wisdom. London 1977 (dt.: Die Meister der Weisheit. Freiburg im Breisgau 1978).

Witness. The Autobiography of John G. Bennett. London 1975.

Talks on Beelzebub's Tales. Sherborne 1977 (dt.: Gurdjieff entschlüsselt. Frankfurt am Main 1981).

Transformation. Sherborne 1978 (dt.: Transformation oder die Kunst, sich zu wandeln. 2. Auflage München 1981).

BERNAZZA, D.: La migliore maniera di vivere. Mailand 1978.

O si domina o si è domati. Rom 1979.

La soluzione del problema vita. Mailand 1982.

BIEN, G. (Hrsg.): Die Frage nach dem Glück. Stuttgart-Bad Cannstatt 1978.
BUTKOVSKY-HEWETT, A.: With Gurdjieff in St. Petersburg and Paris. London 1978.
CASTANEDA, C.: Die Lehren des Don Juan. Ein Yaqui – Weg des Wissens, Frankfurt am Main 1978.
Eine andere Wirklichkeit. Neue Gespräche mit Don Juan. Frankfurt am Main 1978.
Reise nach Ixtlan. Die Lehre des Don Juan. Frankfurt am Main 1977.
Der Ring der Kraft. Don Juan in den Städten. Frankfurt am Main 1978.
Der zweite Ring der Kraft. Frankfurt am Main 1978.
Die Kunst des Pirschens. Frankfurt am Main 1981.
COX, J.: Dialogues of Gurdjieff, Vol. I 3. Auflage. Stone Mountain, Ga. 1980.
Magnus Machina. Lakemont, Ga. 1971.
DE ROPP, R. S.: The Master Game. New York 1968 (dt.: Das Meisterspiel. München o. J.).
Warrior's Way. 2. Aufl. New York 1979.
DOOLING, D. M. (Hrsg.): A Way of Working. New York 1979.
DÜRCKHEIM, K.: Der Alltag als Übung. 6. Auflage Bern–Stuttgart–Wien 1980.
Durchbruch zum Wesen. 6. Auflage Bern–Stuttgart–Wien 1975.
Erlebnis und Wandlung. Grundfragen der Selbstfindung. Bern–München–Wien 1983.
Hara. Die Erdmitte des Menschen. München 1956.
Im Zeichen der großen Erfahrung. München 1974.
EARNEST, F.: Transitional Man. 2. Aufl. San Francisco 1981.
EASTCOTT, M. M.: »J«. The Story of the Self. London 1979.
ELLWELL-SUTTON, L. P.: Sufism & Pseudo Sufism. In: »Encounter«, 44 No. 5, S. 9–17 (1975).
EPIKTET: Handbüchlein der Moral. Stuttgart 1978.
EPIKUR: Philosophie der Freude. Stuttgart 1973.
FERRUCCI, P.: What We May Be. Los Angeles 1982.
FRANKL, V.: Der Mensch auf der Suche nach dem Sinn, Freiburg 1972.
GROM, B. u. J. SCHMIDT: Auf der Suche nach dem Sinn des Lebens. Freiburg–Basel–Wien 1975.
GURDJIEFF, G. I.: The Herald of Coming Good. New York 1969.
All and Everything. Beelzebub's Tales to His Grandson. London 1950 (dt.: All und Alles. Beelzebubs Erzählungen für seinen Enkel. Basel 1981).
Meetings with Remarkable Men. New York 1974 (dt.: Begegnungen mit bemerkenswerten Menschen. Freiburg im Breisgau 1978).

Life is Real Only Then, When »I Am«. 2. Auflage New York 1978.
Views From the Real World. Early Talks of Gurdjieff As Recolleded by his Pupils. London 1973 (dt.: Aus der wirklichen Welt. Gurdjieffs Gespräche mit seinen Schülern. Basel 1982).
HARTMANN, Th. de: Our Life with Mr. Gurdjieff. New York 1964.
HERSEY, P. und K. BLANCHARD: Management of Organizational Behavior. Utilizing Human Resources. 4. Aufl., Englewood Cliffs 1982.
HOFFMANN, Y.: Der Ton der einen Hand. Berlin–München–Wien 1978.
JUNG, C. G.: Erinnerungen, Träume, Gedanken. Aufgezeichnet und herausgegeben von A. Jaffé. Olten und Freiburg im Breisgau 1971.
KAUNE, F. J.: Selbstverwirklichung. München–Basel 1967.
KEYSERLING, A.: Geschichte der Denkstile. 2. Auflage Wien 1972.
Klaviatur des Denkens. Wien 1971.
Das Erbe der Schule der Weisheit.
2 Bände, Wien 1981.
Das Erdheiligtum. Wald 1983.
Der Köper ist nicht das Grab der Seele, sondern das Abenteuer des Bewußtseins. Wald 1982.
Vom Eigensinn zum Lebenssinn. Wald 1982.
KEYSERLING, H.: Betrachtungen der Stille und Besinnlichkeit. Wassenaar 1975.
Politik, Wirtschaft, Weisheit. Darmstadt 1922.
Reisetagebuch eines Philosophen. München–Wien 1980.
KRÄMER, H.: Selbstverwirklichung. In: BIEN, G. (Hrsg.). Die Frage nach dem Glück. Stuttgart-Bad Cannstatt 1978, S. 21–44.
KRISHNAMURTI, J.: Autorität und Erziehung. 3. Auflage Bern o. J.
LEFORT, R.: The Teachers of Gurdjieff. London 1966 (dt. Die Lehrer Gurdjieffs. Frankfurt am Main 1980).
MAGGI, L.: Gurdjieff. Le sue tecniche e la conoscenza di sè. Mailand 1981.
MARTIN, B. (Hrsg.): Der Sufi-Weg heute. Südergellersen 1983.
MASLOW, A.: Motivation and Personality. New York 1970.
Psychologie des Seins. München 1973.
NEEDLEMAN, J.: On the Way to Self Knowledge. New York 1976.
(Hrsg.): Speaking of my Life: The Art of Living in the Cultural Revolution. New York 1979.
Consciousness and Tradition. New York 1982.

NICOLL, M.: Living Time and the Integration of Life. London 1981.
The Mark. London 1981.
The New Man. 7. Auflage, London 1972.
Psychological Commentaries on the Teaching of G. I. Gurdjieff & P. D. Ouspensky. 5 Bände. 5. Auflage, London 1975.
NORTHBOURNE, L.: Looking Back on Progress. London 1970
NOTT, C. S.: Teachings of Gurdjieff. A. Pupil's Journal. 7. Auflage, London 1978.
Further Teachings of Gurdjieff. Journey Through This World. 7. Auflage, London 1978.
ORAGE, A. R.: Psychological Exercises and Essays. 3. Auflage, New York 1979.
Consciousness. 2. Auflage, New York 1978.
ORNSTEIN, R. E.: The Psychology of Consciousness. San Francisco 1972 (dt.: Die Psychologie des Bewußtseins. Hamburg 1976).
(Hrsg.): The Nature of Human Consciousness. San Francisco 1973.
OUSPENSKY, P. D.: The Fourth Way. New York 1971 (dt.: Der vierte Weg. Pavel 1983).
In Search of the Miraculous. Fragments of an Unknown Teaching (dt.: Auf der Suche nach dem Wunderbaren. 2. Auflage Bern–München–Wien 1978).
A New Model of the Universe. New York 1971.
The Psychologe of Man's Possible Evolution. 2. Auflage New York 1974 (dt.: Die Psychologie der möglichen Entwicklung des Menschen. Berlin 1981).
Tertium Organum. London 1981.
Conscience. The Search for Truth. London 1979 (dt.: Bewußtsein und Gewissen. Die Suche nach Wahrheit. Basel 1982).
PAUWELS, L.: Monsieur Gurdjieff. Paris 1971 (dt.: Gurdjieff, der Magier. Bern–München 1980).
PAUWELS, L. und J. BERGIER: The Morning of the Magicians. New York 1968 (dt.: Aufbruch ins dritte Jahrtausend. Bern–München 1979).
PERRY, W. N.: Gurdjieff in the Light of Tradition. London 1978.
PETERS, F.: Balanced Man: A Look at Gurdjieff Fifty Years Later. New York 1978.
Boyhood with Gurdjieff. Santa Barbara 1980.
PIRSIG, R. M.: Zen und die Kunst, ein Motorrad zu warten. Frankfurt am Main 1981.
POPOFF, J. B.: The Enneagramm of the Man of Unity. New York 1978.

Gurdjieff: His Work, On Myself . . . With Others . . . For the Work. New York 1978.
RAMA, S.: Living with the Himalayan Masters. 2. Auflage Honesdale, Pa. 1980.
REYNER, J. H.: Gurdjieff in Action. London 1980.
Ouspensky. The Unsung Genius. London 1981.
ROSZAK, Th.: Person/Planet. The Creative Disintegration of Industrial Society. New York 1978 (dt.: Mensch und Erde auf dem Weg zur Einheit. München 1982).
SACHSSE, H.: Technik und Verantwortung. Probleme der Ethik im technischen Zeitalter. Freiburg 1972.
SCHIMMEL, A.: Mystische Dimensionen des Islams. Aalen 1979.
SCHOPENHAUER, A.: Aphorismen zur Lebensweisheit. Stuttgart 1974.
SCHUMACHER, E. F.: A Guide for the Perplexed. New York 1977 (dt.: Rat für die Ratlosen. Reinbek bei Hamburg 1979).
Good Work. New York 1979.
SCOTT, E.: The People of the Secret. London 1983.
SENECA: Vom glückseligen Leben. Stuttgart 1978.
SHAH, O.: The Exploits of the Incomparable Mulla Nasruddin. New York 1972.
The Pleasantries of the Incredible Mulla Nasruddin. 2. Auflage London 1977.
The Subleties of the Inimitable Mulla Nasruddin. New York 1973.
Tales of the Dervishes. 2. Auflage London 1977 (dt.: Das Geheimnis der Derwische. Freiburg im Breisgau 1982).
Caravan of Dreams, 3. Auflage London 1976 (dt.: Die Karawane der Träume. Basel 1982).
The Dermis Probe. New York 1971.
The Sufis. London 1964 (dt.: Die Sufis. Düsseldorf–Köln 1976).
Wisdom of the Idiots. 3. Auflage London 1976 (dt.: Die Weisheit der Narren. Freiburg–Basel–Wien 1983).
Thinkers of the East. 2. Auflage London 1977.
Learning How to Learn. London 1978.
The Perfumed Skorpion. London 1982.
Seeker After Truth. London 1982.
Special Illumination. London 1977.
Neglected Aspects of Sufi Study. London 1977.
A Veiled Gazelle – Seeing How to See. London 1977.
The Magic Monastery. 2. Auflage London 1977.
The Way of the Sufi. 2. Auflage London 1971.
Reflections. 4. Auflage London 1978.
The Hundred Tales of Wisdom. London 1978.

SKINNER, B. F.: Jenseits von Freiheit und Würde. Hamburg 1973.
SPEETH, K. R.: The Gurdjieff Work. London 1976.
SPEETH, K. R. u. I. FRIEDLÄNDER: Gurdjieff. Seeker of the Truth. New York–Toronto 1980.
STAVELY, L.: Memories of Gurdjieff. Aurora, Or. 1978.
Themes. Aurora, Or. 1981.
TART, Ch.: Transpersonal Psychologies. New York 1975 (dt.: Transpersonale Psychologie. Olten u. Freiburg im Breisgau 1978).
TEWFIK, M. und E. MÜLLENDORF: Die Schwänke des Nasreddin und Buadem. Leipzig 1980.
THOMASSON, H.: The Pursuit of the Present. Aurora, Or. 1980.
TRACOL, H.: George Ivanovitch Gurdjieff: Man's Awakening and Practice of Remembering Oneself. 2. Auflage Bray 1977.
TRAVERS, P. L.: George Ivanovitch Gurdjieff. Toronto 1973.
TULKU, T.: Time, Space, and Knowledge. Emeryville, ca. 1977.
VAYSSE, J.: Toward Awakening. San Francisco 1978.
WALKER, K.: Diagnosis of Man. London 1942.
The Making of Man. London 1963.
Gurdjieff. A Study of His Teaching. London 1979.
Venture With Ideas. New York 1951.
WEBB, J.: The Harmoniouns Circle. New York 1974.
WELCH, J. W.: What Happened in Between. New York 1972.
WILHELM, L.: Chinesische Lebensweisheit. Darmstadt 1922.
WILSON, C.: The Outsider. 18. Auflage London 1974.
The War Against Sleep. The Philosophy of Gurdjieff. Wellingborough 1980.
WOLFE, E.: Episodes with Gurdjieff. San Francisco 1974.
WRENN, R. u. R. MENCKE: Being. A Psychology of Self. Chicago 1975.
ZAMPETTI, G.: L'attenzione cosciente. Bologna 1980.
ZIMMER, H.: Der Weg zum Selbst. 2. Aufl. Düsseldorf 1976.
ZUBER, R.: Qui êtes-vous Monsieur Gurdjieff? Paris 1977 (dt.: Wer sind Sie, Herr Gurdjieff? Basel 1981).